あなたの運が
ドンドンよくなる

図解

強運ノート

LUCKY FORTUNE
Four Basic Principles
to Fortune
Roll Your Way

深見東州

たちばな出版

はじめに

努力次第で「強運」はつかめる

世の中には、なにをやってもうまくいく「運のよい人」と、なにをやっても失敗ばかりする「運の悪い人」がいる。

同じ人種なのに、どうしてふたつに分かれてしまうのだろうか？　これは誰しも抱く疑問である。そして、いつも失敗する人は〝もっと運がよくなりたい〟と願い、順風満帆の道を行く人は〝さらに大きな運をつかみたい〟と思っている。つまり、みんな「運をよくしたい」のであろう。

では、運をよくするためにはどうしたらいいか。

結論はひとつ、それは「運勢」をよくする以外にないのである。「運勢」とは文字どおり、その人が持っている運命の勢い、である。

私は心理学者でも精神科の医者でもないので、「運勢」をよくするための心理学的アプローチについてはわからない。ただ、少年のころから人一倍〝霊的能力〟といわれるものが強く、今では修業の甲斐もあって、人々の守護神、前世といったものまで〝見える、写せる〟ようになった。その結果、運勢は、こういった目に見えない世界に住むパワーを持った霊たちに大きく影響されていることがわかったのである。

したがって、この本はそういった視点から書かれている。

ここぞというときに、いつもホームランをかっ飛ばした長嶋茂雄氏、軽量のハンディキャップを見事に乗り越えて大横綱になった元横綱・千代の富士（現九重親方）、貧乏で体が弱いながらも、世界的大企業を作り上げた故・松下幸之助氏。いずれも巨大な運勢を背景にして功成り名を遂げた人々だが、私からみると、とりもなおさず運勢を導いた霊たちがいて、彼らのガードやアドバイスがあって初めて成し得たことのようにみえる。もちろん、本人たちが努力してこうした善霊たちを呼び集めたことも事実だ。

このように、運のよい人、運勢の強い人には必ず強力な善霊がついていて、本人も努力している。ポイントは、自分の努力をいかに大運勢に結びつけるか、だろう。そうしなければ、せっかく頑張ったのに、その努力は無になる。

本書は、善霊を呼び集めるための方法や心構えを通して、いかに強烈強大な運勢を自らのものとするか――そのテクニックについて記している。

できるだけ、オカルトチックな雰囲気を取り除き、わかりやすく書いたつもりであるが、至らない部分も多々あるのではないかと思う。書き足りない部分は、機を改めて説明することとして、この本が、多くの人々の運勢向上に多少なりとも役立てばと、念ずるものである。

深見東州

※『図解　強運』について

この『図解 強運』は、スーパー開運シリーズの『強運』の内容を、図やイラストを豊富に用いながら、コンパクトにわかりやすく構成したものである。

タイトルでもある「強運」を得るためのハウツーを、見開き（2ページ）単位で簡潔にまとめた。パラパラめくるだけでも、強運を得るヒントが頭に入ってくるはずである。

さらに詳しく知りたいという人には、上記シリーズの『強運』を読まれることをおすすめしたい。

図解 強運◎目次

デザイン●関 和英、石田恵子、奥大谷光公（チックス）　イラスト●須田博行

運命は自分で開くしかない!

ツキを呼ぶ人はつくべくしてついている

◎運がよくなる〝原則〟とは?

いつもうまくいく人、いかない人

一見同じような彼と私なのだが、彼はやることなすことうまくいくのに、自分はあと一歩というところでトラブルが発生してしまう——こんな経験は誰にでもあるだろう。

「なぜ彼はついていて、自分にはツキがこないのか」という疑問は、失敗を数多く体験した人ほど強烈であり、「自分もツキ、運をつかみたい」と痛切に願っている。実際、運がつく秘訣というのはあるのだろうか。

確かに、なにをやってもうまくいく人と、そうでない人の間には、目には見えないが、非常に大きなギャップがあることに気がつく。そのギャップというのは、運が確実によくなるある一定の〝原則〟を身につけているか否かの差なのだ。

実は、運がつく、つかないの違いは、この〝原則〟をどれぐらい自分の行動の基本にしているかどうかによって決定される。

「彼はただなんとなくツイている」のではなく、注意深く見ていると、「彼はつくべくしてツイている」ということに気がつくだろう。これに気がつけば、八〇パーセント以上成功したといえる。あとは、自分も、〝つくべくしてつく〟原則を身につけて、実践すればよいのである。

クヨクヨせず、明るく前向きに生きる

幸運に恵まれている人間というのは、根が明るい。人生を深刻ぶってジメジメ考えない。そして、なんでもかんでも自分のプラスになるよう考えるのが得意という人が多い。

「失敗しても、それは次回大きな成功を得るための貴重な体験」ぐらいにとらえ、文字どおり〝失敗は成功の母〟と考える。つまり、どんなことでも、自分が人間として、大きく成長していくための〝スプリングボード(跳躍台)〟としてしまうのだ。

人間だから、失敗したり運に見放されてしまったようなときは、憂うつになる。だが、それを態度や言葉にあらわしてはいけない。

「俺はダメだ、ツキがない。いつもこうなんだ!」などと口に出してしまうと、さらに悪い運勢がやってくる。たとえ気持ちは落ち込んでいたとしても、「大丈夫。ボクにはそういう強烈な運勢がついているんだ」と唱えることにしよう。すると、自分自身の言葉に励まされ、活力が湧きあがってくるものだ。また実際に、よい運勢を招来させることができる。

人生を前向きに明るく生きようとすると、次のような〝効果〟が生まれてくる。

①表情が明るくなり、多くの人々から好感を持たれる。

②言葉や行動に積極性があらわれ、なんでも進んで成し遂げようという気持ちになる。

③友人が増えるので、金運、対人運が上昇する。

④多くの人々の援助を受けることができ、成功率がグーンと高くなる。

⑤人生が最高におもしろくなる。

というわけで、とにかくハッピーな気持ちにひたることができる。そして、これがすなわち、幸運なのだ。

ツキを呼ぶ人とは？　―大成功へのスケジュール―

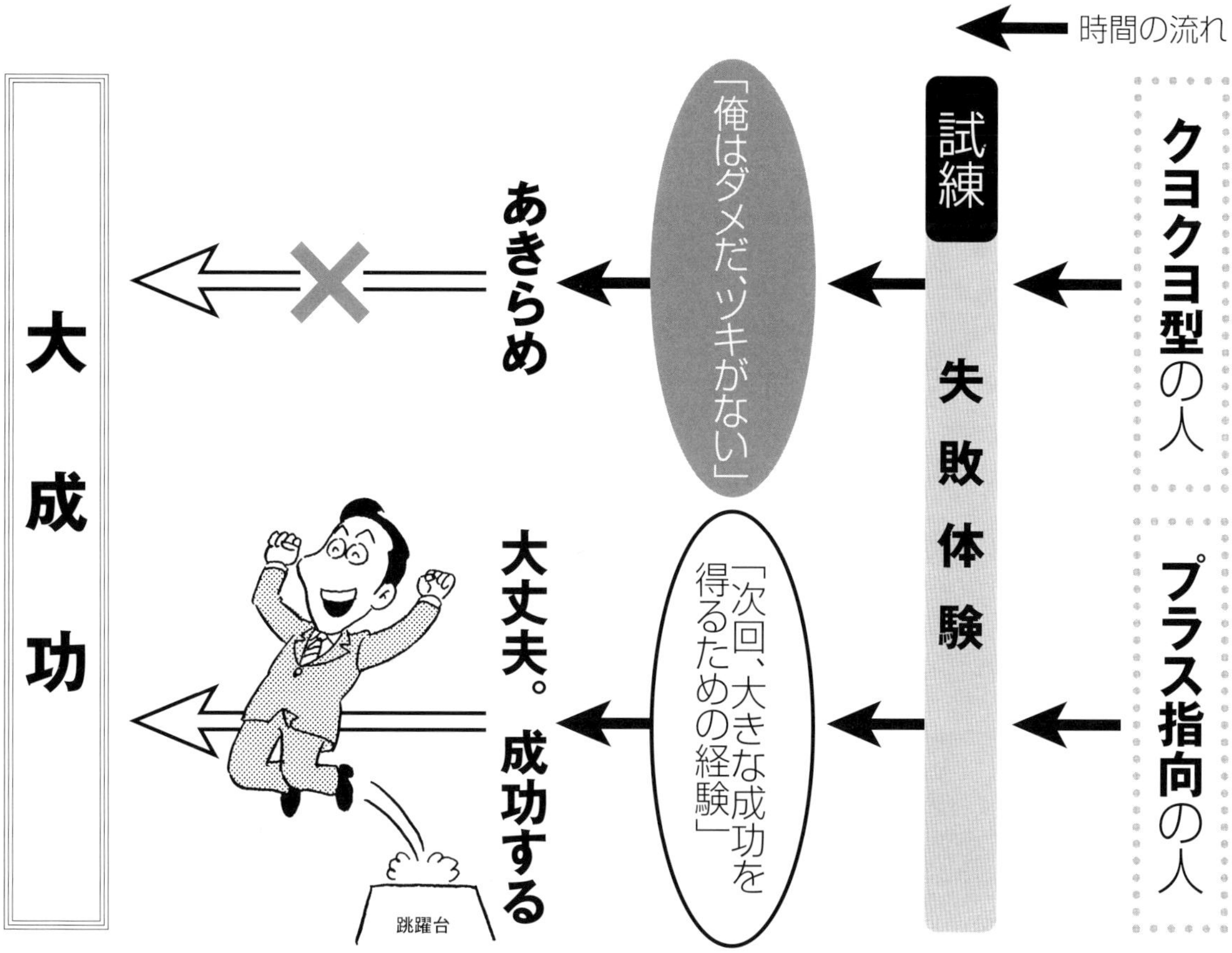

人生を前向きに明るく生きようとする〝効果〟

1. 表情が明るい→多くの人から好感
2. 言葉や行動が積極的
3. 友人が増える（金運・対人運向上）
4. 多くの人々からの援助（成功率がグーンと高くなる）
5. 人生が最高に面白くなる

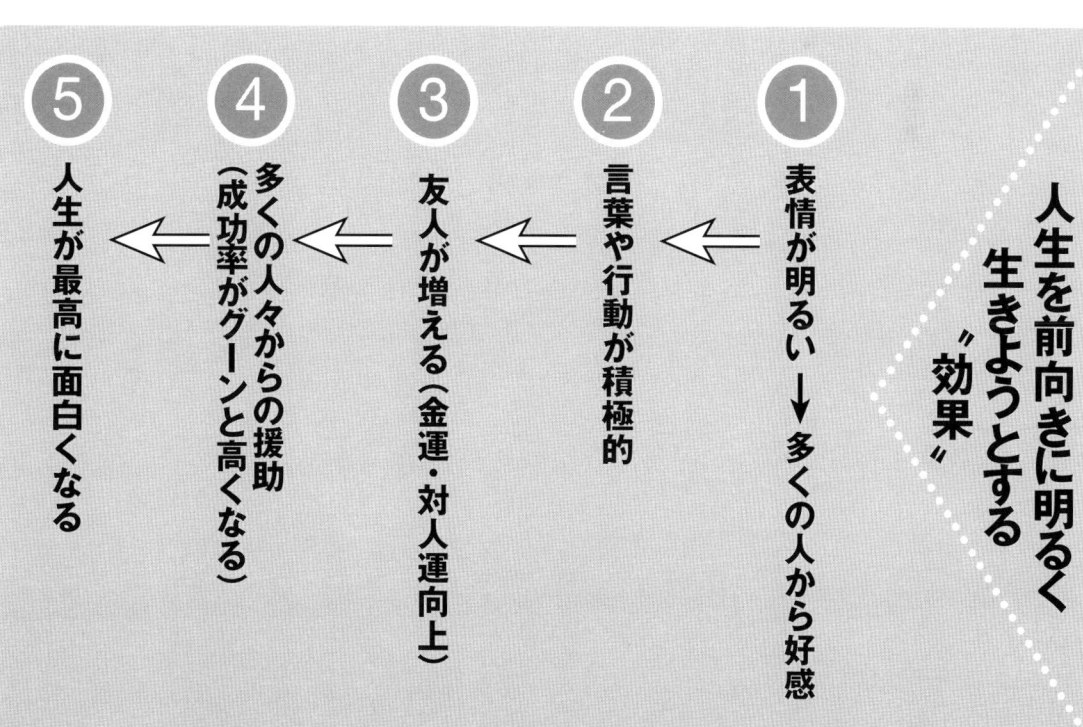

第一章

大きく開かれる成功の道

ツキを呼ぶ人はつくべくしてついている

◎なんでも前向きに考える

横綱千代の富士の場合

大相撲の元横綱、千代の富士関の例をみると、どんな人にでも必ず成功のチャンスはあるものだ、ということがわかる。

千代の富士は幕内力士のなかでも軽量の部類に入っていた。しかし、あの怪力と技で、二五〇キロの体重の小錦の巨体を、ゴロリと転がしてしまった。その後、前みつを取って引きつける形の、千代の富士特有のスタイルが完成されたが、以前はそうではなかった。

あの軽量な体で、大型力士と平気で四つ相撲を取っていたのだ。当然、肩などに無理がきて、なんと左肩だけでも七回脱臼したという。相撲取りにとって、肩の脱臼は致命的なハンディキャップとなる。いつまた脱臼するかわからないので、一〇〇パーセントの力を出せない。

昭和五四年春場所に右肩を脱臼した千代の富士は、その場所を休場した。ところが、公傷制度が適用されず、なんと次の場所は幕内から十両へ落ちてしまう。発奮した千代の富士は、十分な稽古もしないまま土俵に上がったが、幸運にも勝ち越して一場所で幕内に返り咲くことができたのだ。

「これはツイている!」と思った千代の富士は、相撲スタイルをそれまでの四つ相撲から前みつを取って引きつける形に変え、必要な筋力を得るため、バーベルなどでトレーニングをしたという。

軽量、脱臼という大きなハンディキャップを背負いながらも、横綱まで登りつめた千代の富士。成功のカギは、軽量、脱臼をどうカバーするかという前向きな姿勢。そして、十両転落を一場所でクリアーできた幸運を、なんとか自分のものにしようとする努力と行動だったようだ。

誰でも多かれ少なかれ、世間一般の目で見ればハンディキャップと思われる部分を持っているものなのだ。

松下幸之助氏の場合

あの故・松下幸之助氏も、自分が出世できた大きな理由に、

①貧困
②学歴のないこと
③体が弱かったこと

の三つをあげている。どういうことかといえば、①貧困は生活の貧しさゆえに、少しでも便利で豊かな生活を送りたいと願ったこと。②学歴のないことは、既成概念にとらわれず、それによって人一倍勉強をして経営を学んだこと。③体が弱かったことは、全部の仕事を自分でこなせないので、いち早く事業部制を取り入れ、さらに多くの子会社を設立して製造、販売を効率化したことである。

千代の富士関、松下幸之助氏の二人の生活環境は大きく違うものの、共に、大きなハンディキャップを自分の〝エネルギー〟源として、最高峰を極めたパターンは同じだ。

大切なのは、なんでも前向きに考え、運命や運勢に対して背中を向けてしまわないことだ。長い人生、失敗も成功もある。チャンス到来と見たら、猛烈に運勢にアタックしてみることが重要だ。

ハンディキャップを自分の“エネルギー”源に

千代の富士の場合

ハンディキャップ
力士としては軽量
肩に無理　7回脱臼

試練
公傷制度適用されず、十両陥落
休場明け、場所前練習できず

結果
“好運”にも勝ち越し　再入幕

発想の転換

・四つ相撲から前みつを取って引きつけるスタイルに変更
・そのスタイルに必要な筋力トレーニング

大横綱へ

松下幸之助氏の出世の理由

ネガティブ要素

ハンディキャップ
①貧困
②学歴がない
③体が弱かった

発想の転換

ポジティブな思考

モチベーション
①豊かな生活を切望
②人一倍勉強
――既成概念にとらわれない
③仕事の分担化・事業部制
子会社設立で効率化

今日からこの心掛けでツキをつかむ

◎「必ずそうなる」という信念

長嶋茂雄氏の場合

今でも語り草となっている、昭和三四年の初の天覧試合。長嶋選手は観衆のド肝を抜く、逆転サヨナラホームランをかっ飛ばした。

ここ一番というときになると信じられないようなパワーを発揮した彼だが、それにはこんな秘密があったと伝えられている。

大事な試合の前日、彼は寝床に入ると、明日の試合を頭の中で描いてみる。そして、必ず大事な場面でホームランを打ち、みんなの歓迎を受けるシーンを予想する。さらに、その夜、家に帰ってきて、奥さんや子どもから祝福され寝床につく自分。一日分の行動予定を想像し、「必ずそうなる」と念じてのち、安らかな眠りについたというのだ。

野球はもちろんのこと、あらゆるスポーツは、メンタル（精神的）な要素が、勝敗を決定することが多い。いや、スポーツばかりではない。ビジネス社会のなかでも、メンタルな要素は重大だ。

ここ一番というときになって、急にものおじしたりすると、本来自分が持っているパワーを一〇〇パーセント発揮できないことが多い。逆に、リラックスして、一点に精神を集中することができると、パワーは一二〇パーセント以上発揮できるものだ。

一〇倍、二〇倍の運勢を呼び寄せられる

また、潜在能力の他に、強い運勢をも呼び込むことができるようになると、一〇倍、二〇倍の力を出すことも可能だ。そのためには、長嶋氏のように、「必ずそうなる」という思いを、具体的な場面、状況を頭に描きながら信じ込むことが大切である。

そうすると、自分がいざその場に立たされても、変に気を動揺させることがなく、考えたとおりの力を発揮できるのだ。

ところが逆に、「大丈夫かな。心配だな。失敗するんじゃないかな」と、始める前からマイナスイメージを強くして、心に不安を与え続けると、いざ本番というときに、緊張のあまり失敗してしまうことが多いのだ。

その点、長嶋氏は自分がヒーローになって、家に帰り就寝するまでを想像していたのだから、やはりすごい。強い運勢が彼を取り巻いていたことは間違いないだろう。

このように、ツキというものは自分からつかむべきもので、他の誰かから与えられるものではないのだ。

「天は自ら助くる者を助く」のたとえどおり、自分がツキ、運の中心ポイントに立っていることを忘れてはいけない。そして、自分の潜在能力を一〇〇パーセント以上発揮できるよう、人生を前向きに生き抜く心構えが必要だ。そうすれば、来るな！　と言っても、幸運は怒涛のごとく押し寄せてくるだろう。

さらに、本書のポイントである神霊界パワーも動員することができるようになると、運勢はそれこそ爆発的に向上する。瞑想や精神統一で潜在能力を発揮する場合に比べ、神霊界が本人に働きかけて顕在化するパワーは、その一〇倍、二〇倍もの量になるだろう。

「天は自ら助くるものを助く」

運の強い人と積極的につきあう

ツキを呼び込む四つの原則…①

運がいい人は明るい渦の中心にいる

身の周りにいる友だちを注意深く観察してみると、前述したように運勢のいい人と、そうでない人がいるのに気がつくだろう。運勢のよい人というのは、ものごとをいつも最後までやり通す強い意志を持ち、考え深くていつも朗らか、周囲の人を飽きさせず、笑いが絶えない。こういう人とつきあっていると、自分自身も運勢がよくなってくる。

逆に運のよくない人は、陰気臭くていつも消極的。「だめにきまってる。やるだけ無駄だよ」と、決して自分からなにかをやろうとしない。そのくせ、ものすごく批判的で、人の悪口は平気でペラペラしゃべる。この人のグループに入ると運勢が悪くなり、ロクなことにはならない。

運勢のよい人、悪い人を神霊界から眺めると、運が強く勢いのある人は、その人が中心で明るく輝いており、周囲の人々をその明るいウズのなかに巻き込もうとしている。なんでも積極的にやろうとしているので、守護霊も一緒になって「やろう、やろう」と賛成、全面的協力態勢を整えている。悪霊などが入り込む余地がないので、いつも神々しい霊気で満ちあふれているというわけだ。

傷ついた心を持った人が、こういう人のところにやってくると、不思議と傷は癒され、元気が湧いてくる。「やればできるんじゃないかな」という気がして、なにごとにも前向きになる。つまり、プラスの方向へ気持ちのチャンネルが切り替わるのだ。

「善霊リード型性格」と「悪霊リード型性格」

逆に運勢の悪い人は、周囲がドロ～ンと暗く、人々の運勢の炎を吹き消そうとしている。行動的でなく、やる前からすでに結果を気にしており、しかも、予想している結果は、いつも「凶」。つまり、最悪になると考えている。ところが、本人は自分を「慎重な人間」と思い込み、それが一番いいと確信している。〝世の中そんなもんさ〟と悟りの境地だ。

人生を前向きに生きようとしないので、守護霊の働きはどうしても鈍くなる。悪霊からのガードも弱くなりがちで、どちらかといえば、「悪霊リード型性格」に陥ってしまう。こういう人物の仲間になると、悪霊運勢の影響を受け、ものごとを批判的に見るようになり、悪口を言うことが多くなる。霊的な輝きは消え失せ、表情も自然と曇りがちになる。

人とつきあったり、友だちを選ぶ場合、相手が「善霊（守護霊）リード型性格」なのか、「悪霊リード型性格」なのかを、きちんと見極める必要があるだろう。自分の運勢をよくしようと思うなら、善霊グループと多く接触することだ。

できれば、自分自身が善霊グループの中心的な存在となり、「善霊の輪」を周囲にどんどん拡げていくぐらいの覚悟を決めたい。そうすれば、運勢は飛躍的に向上する。善霊の発する〝気〟が、ものの見方、発想、体調、人脈などすべての面において、向上発展するほうへ〝気運〟を向けるからである。

友だちの性格をしっかり見極める

神霊界から眺めると――

善 霊 の 輪

運勢のいい人

・ものごとをやり通す強い意思
・考え深くて朗らか
・周囲の人を飽きさせず、笑いが絶えない

守護霊パワー

気運は**プラス**の方向へ

「善霊（守護霊）リード型性格」
周囲の人に元気を与える

悪 霊 の 輪

運勢の悪い人

・陰気で消極的
・自分からなにかをやろうとしない
・批判的で人の悪口を平気で言う

悪霊パワー

気運は**マイナス**の方向へ

「悪霊リード型性格」
周囲の人の運勢の炎を吹き消そうとしている

ツキを呼び込む四つの原則…②

ツキのある場所を選ぶ

善霊エネルギーを充電する

人間がつくり出す、善霊の輪の一員になってしまうのも方法だが、強力な善霊がいる神社などの場所に行って、善霊エネルギーを充電するのも手だ。

研ぎ澄まされた霊能力の持ち主なら、どの場所が霊的に高いのか、″一目″でわかってしまう。近くに霊能力者がいたら、一度聞いてみるのもいいだろう。普通の人でも、その気になればピーンとくるものだが、雰囲気だけではどうもわからない、という人のために判断基準を教えよう。

神社やお寺に限らず、神様や仏様を祭っている場所に出かける場合は、

①神主、僧侶などに真心や清潔さがあり、目がスッキリ澄みきっていて、駐車場や結婚式場、幼稚園などの経営に執着していない。

②周囲や内側がきれいに掃除されている。

③玉砂利などがあり、コンクリートで土面が覆いつくされていない。

④多くの樹木が植えられている。

⑤社《やしろ》の周囲にいかがわしい施設（たとえばラブホテルや歓楽街）がない。

などをチェックする。不適当だと思われたら、そこには高い霊気、運勢はないものと考えてさしつかえない。よい条件がそろっていると、次のような「気」を体に感じる。

①すがすがしい空気が漂っている。

②発展的な気分になる。

③全体がとても明るい雰囲気である。

先の五つの判断基準と、三つの「気」から、おのずと運勢の強い場所は見えてくるだろう。こういうところには、文字どおり「気運」が渦巻いており、ご神霊も宿っている。近くに寄ったら必ず参拝したい。

「気運」が盛り上がっているのは、なにも神社や寺に限らない。同じ駅前商店街なのに表側はものすごく発展し、裏側はさびれる一方、というケースをよく見かけるが、これもやはり「気運」のなせるワザだ。表側商店街へ買い物に行けば、強い運勢を自分のものにすることが可能だ。

気運の悪い寺社では自分の願いをかけない

逆の場合は、「おどろおどろしい」「暗い雰囲気」「消極的な気分になる」の三つの「気」を感じる。神霊界から見ると、悪霊、邪霊などが巣食った状態である。キツネやタヌキ、ネズミなどが住み着き、おまけに指名手配中の凶悪犯までが隠れている、といった感じで、できることならそんな場所には足を踏み入れたくない。

しかし、こうした悲劇的な状態になっている神社やお寺に、どうしても出向かなければならなくなったり、形の上だけでも神殿に手を合わせる必要が生じたらどうするか。そんな場所で、自分の幸運や利益を願ったら最後、我利我利亡者の悪霊たちが、頭や肩、腹、腰などにピタ〜ッとくっついてしまう。だから、そこでは「自分の願い」をかけてはいけない。

一番いい方法は「どうぞ、この神社が発展しますように」と祈るか、頭だけ下げて願いをかけないようにすることだ。そうすれば、悪霊たちも体にくっついたりはしない。

気運が盛り上がっている神社、お寺の見分け方

五つの判断基準

①神主、僧侶などに真心や清潔さがあり、目が澄んでいる。
②周囲や内側がきれいに掃除されている。
③玉砂利などがあり、コンクリートで土面が覆いつくされていない。
④多くの樹木が植えられている。
⑤社の周囲にいかがわしい施設がない。

運勢の**強い**場所

・すがすがしい“空気”
・発展的な気分
・全体がとても明るい雰囲気

体に感じる気 ＝ 気運 ←

気運が渦巻き、神霊が宿っている

積極的に参拝

運勢の**弱い**場所

・おどろおどろしい
・暗い雰囲気
・消極的な気分になる

体に感じる気 ＝ 気運 ←

悪霊、邪霊が巣食った状態

できるだけ足を踏み入れない

第一章

ツキを呼び込む四つの原則…③

自分の家や部屋を整理整頓する

きたない場所には守護霊もよりつかない

ツキに見放されている、いまひとつ運勢に迫力が足りない――という人は、自分の部屋や家がきちんと整理整頓されているかどうか、チェックしてみよう。

乱雑な部屋は正直いって、運勢が悪い。ご神霊や守護霊が嫌うからだ。部屋を散らかしていたために運勢を失う例はいくらでもある。

本棚の裏に隠れている昨年買った宝クジ、ひょっとしたら特等の五〇〇〇万円が当たっているかもしれない。大事な友だちに連絡しようと思ったら、電話番号をメモしたノートが見当たらない。そのほか、友だちに返さなければいけないCDに飲みかけのコーヒーをこぼしてしまい、結局新しいのを買う羽目になった。

きちんと部屋を整頓しておけばいくらでも防ぐことができたのに……。運を失ってからあわてても、もう遅い。きたない部屋は悪霊たちの遊び場、ぐらいに考えてちょうどいい。

一方、きれいな部屋は守護霊の憩いの場。当然、運勢も急上昇する。第一、きれいな部屋は、自分自身にとっても気持ちがいいし、作業の能率もアップする。「やるぞ」という活力も湧いてくるものだ。

実際、神霊界を見ると、景色も組織もすべてが美しいだけでなく、秩序正しく、整然としている。きれいな部屋を見て心が爽快になるのは、自分の魂が神霊界の実態を無意識に知っているからなのだ。

部屋に限らず、家全体についてもいえることなので、いつも家の中はきれいにしておきたい。それだけで運勢は三倍はよくなるだろう。

整理、整頓、清掃、清潔で収益日本一になったトヨタ

会社や工場などで、不要なものを捨て、作業環境をよくしよう――という運動が盛んであるが、これもまことに結構なことだと思う。

実際に整理、整頓を心掛け、運勢をアップさせ、大企業にのし上がったところもある。ほかでもない、今をときめくトヨタと京セラである。トヨタは〝四S運動〟を大展開し、作業能率、経営効率を大幅にアップさせた。四Sとは「整理、整頓、清掃、清潔」の四つのSを指している。

整理、整頓することで、組み立てに必要な工具、部品がすぐに取り出せるようになった。これで、「あの工具はどこかな」などと頭を悩ますことがなくなり、作業に意識を集中できる。清掃、清潔によって、工場内がいつもきれいになっていれば、働いていても気分がよい。また、ゴミや余分なものが落ちていないので、転んでケガをすることもなくなる。

なによりも、ピシッとした雰囲気が全体に漂い、無駄話もできないし、それだけ能率も上がるというわけである。これが有名な「かんばん方式」の第一歩である。

「一事が万事」という言葉があるが、まったくそのとおりで、きちんと整理された場所をつくり出すことによって、身も心もピシッとしてくる。よい霊たちも集まってきて、運勢も向上していくというわけである。

運勢をアップさせる大発展作戦

守護霊の憩いの場

きれいな部屋

気持ちがいい
作業の能率アップ
守護霊の憩いの場

運勢三倍アップ!!

悪霊の遊び場

雑然とした部屋

当たっているかもしれない宝クジが隠れてしまっている
友だちからの電話番号メモが見つからず、連絡できない
友だちから借りたCDにコーヒーをこぼしてしまった
いいかげんな文字で書いた手紙で彼女に振られた

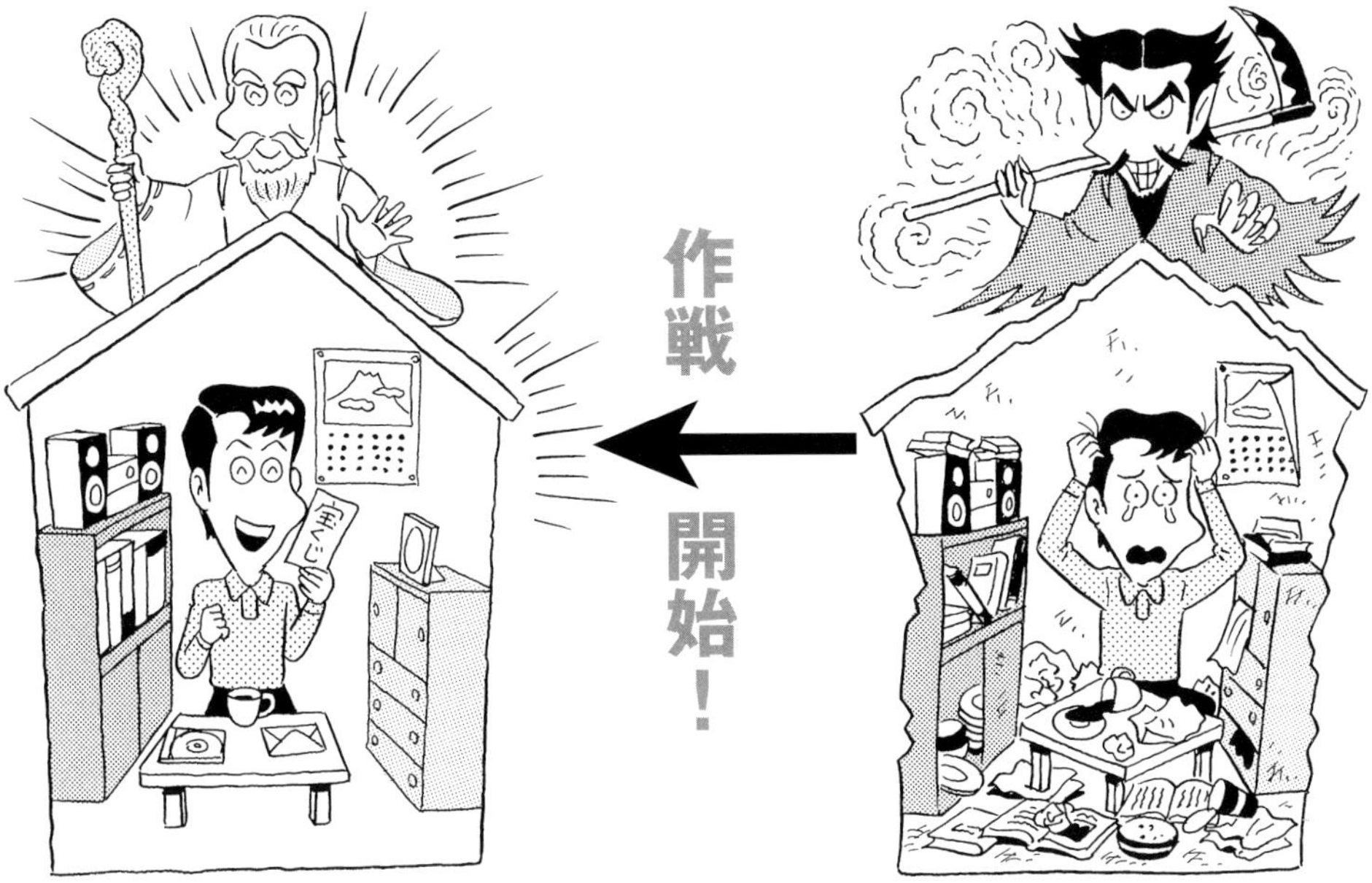

トヨタの場合

4S運動

- 整理
- 整頓
- 清掃
- 清潔

メリット

作業に意識が集中
気分よく働ける

結果

ピシッとした雰囲気になる
無駄話がなくなる

能率アップ!!

「かんばん方式」の第一歩

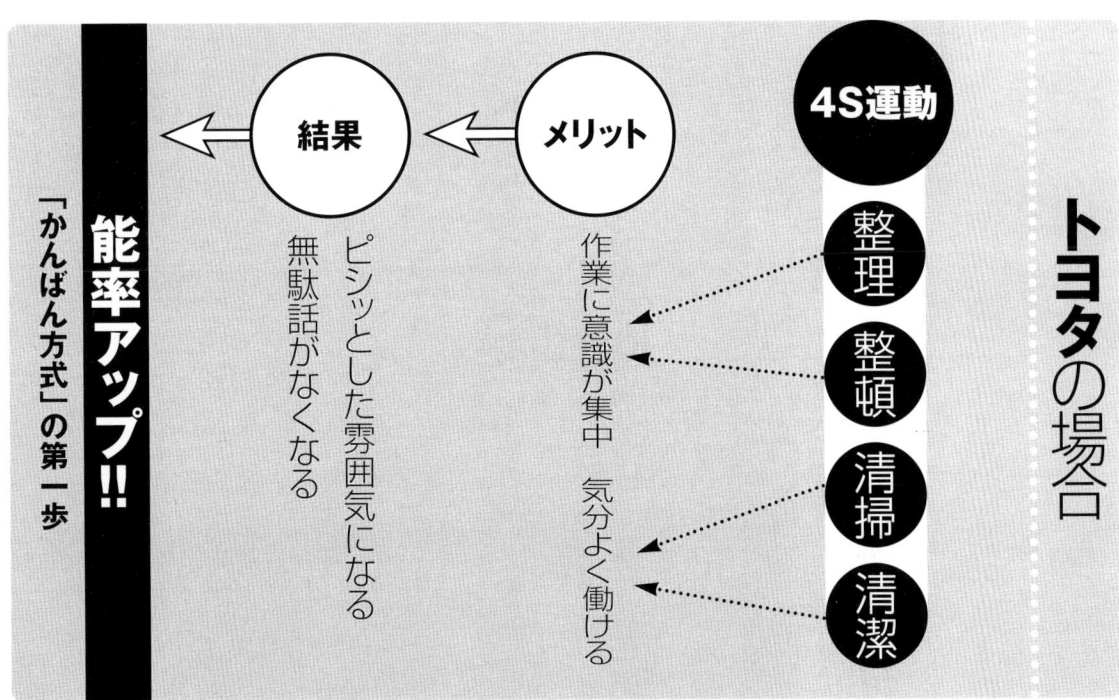

ツキを呼び込む四つの原則…④ 強い意志とビジョンを持つ

強烈な意志で不可能を可能にする

「岩に矢が立つ」のたとえどおり、強烈な意志で事にあたれば、不可能が可能になることがある。割り箸を名刺一枚で、スパッと真っぷたつにしてしまう人が世の中にはいる。極真会カラテの大山倍達氏も、素手でビールビンの首を切り落とすことができた。理屈の上ではとうてい不可能だと思われるが、実際にはできてしまう、という前向きのイメージを強く具体的に持つことである。

こういう完璧なまでの信念が必要だ。念を一心に込められば、体に内在している霊的パワーが引き出され、と念ずれば、結果は必ず「吉」と出るはずだ。それは、運勢が一念に引っぱられて、爆発的によくなるため（無限の力を秘めた潜在意識を、"阿ぁ頼耶識パワー"という）。かつて日

火事場のバカ力もそうだ。交通事故で下敷きになった子どもを救おうと、母親が一トン以上もある車を持ち上げた、などという話も聞く。まさに「一念岩をも通す」のである。

「切れる。すでに切れている」との一念で、名刺を、あるいは手刀を振り下ろすのだ。

いずれにしても、不可能を可能にするためには、念の力、それも並大抵の念ではなく、すでにそうなってしまった、という前向きのイメージを強く具体的に持つことである。

強い意志とビジョンで運勢は二〇倍向上する

「将来、医者になるんだ。絶対なる」と念じて勉強に励めば、成績は飛躍的に向上するだろう。同じように、「必ずトップ・セールスマンになれる」「将来、外務省に入って、日本のために役立つ人間になるんだ」と念ずれば、結果は必ず「吉」と出るはずだ。

これは、霊的、肉体的パワーだけに限らない。日常生活のなかでも大いに役立つ。

現代文明に毒されてしまうと、「まさか、そんなことできるワケがない」と、事を始める前に結果を予測してしまう。ところが、名刺で割り箸を切ったり、素手でビンの首を切ったりする本人は、決してそんなふうには思わない。

将来に確かなビジョンを描き、強い念を持てば、二〇倍は運勢がよくなる。しかも、そのビジョンが、多くの人々に役に立つものであれば、守護霊もたくさん働かざるを得なくなる。ときには、守護霊が入れ替わり、本人が抱いている大志にふさわしい人物が、守護霊として、"着任"することもある。

要は本人のビジョンと、意志の強さが問題なのだ。意志の強さとは、幸福を確信し、すばらしい未来を心に描き続ける、持続力と集中力にほかならない。

運勢は自分が切り開いていく、という信念と意志があれば、必ずその希望はかなえられるだろう。守護霊をはじめ、大勢の善霊たちが、バックアップ態勢をきっちりと組んでくれるからである。「一念、運勢をも変える」である。

蓮上人や親鸞上人をはじめ、名を成した人々は皆、この巌の如き信念を持っていたのだ。

一念、運勢をも変える

不可能なこと？
「できる、
絶対にできる!」
強い信念と前向きなイメージ
確かなビジョン
守護霊
パワー
吉
運勢が20倍アップ!
「まさか、そんなこと
できるワケがない」
はじめからあきらめ
凶
不可能なまま

成功するための心掛け

◎出世運の強い子どもに育てる

出世運のいい人が生まれ育つ家庭

英雄や大成功者たちの生いたちなどを聞いてみると、たいてい幼少のころの家庭の中に、いかにも英雄がつくられそうなエピソードが、ひとつやふたつはあるものだ。

こうしたエピソードを集めてみると、なにかしら共通項が浮かんでくる。逆にいえば、この共通項こそが、英雄や成功者を育てるための重大な要素になっているとも考えられるのである。

不思議なことに、神霊世界から見た〝出世運の強い子に育つ条件〟と実際の英雄たちのエピソードとは奇妙に一致している部分が多いのだ。その一致している部分とは、次のような点である。

①家庭のしつけ

しつけはある程度厳しい。しかし、子どもはとても素直で性格的にもスカッとしている。

②母親の存在が大きい

たとえ苦しい状況下でも、母親はいつも明るく前向き。発展的にものごとを考え、子どもにもそうした教育を施している。

③他人に負けない得意な分野がある

たとえば、国語や音楽はからっきしダメでも、理科の実験は大好きだったり、体育や図工はいつも満点をとったりしている。

以上三つが大きな一致項目だ。

つまり、オールマイティな子でなくても、なにかひとつ得意なものがあって、性格が明るくいつも前向き、生活態度もきちんとしている――といった子どもの像が浮かびあがってくる。

こうした条件を満たしておけば、出世運の強い子どもになる可能性が強い。

行動力と志の高さで運は向上する

小さいころに出世運がつく教育を受けなかったから、もうダメだ！とあきらめるのはまだ早い。今からでも運を向上させることはいくらでも可能だ。

そのひとつの方法が、行動力を高め、志を大きくする、というものだ。はっきりいって本人の志が高ければ高いほど、そしてそれをやり遂げようとする強い意志を持つほど、それにふさわしい運勢がやってくると思って間違いない。天の機がめぐり、守護霊が加勢するからである。

「将来、世界を動かすような偉人になるゾ！」

と常日頃思い込んでイメージし、それにふさわしい行動をとっていると、不思議なことに、世の中すべての出来事が、自分自身を成長させるためであるかのような、そんな気になってくるものである。

実際、神霊的観点から見ても、高い志を持った人ほど、周囲に強い運勢が渦巻いている。少々のことではへこたれないし、クヨクヨしない。太っ腹だし、人望も厚くなる。すべてが、前向きで勢いがいいのである。本人の志が強力な霊界を形成するからだ。

出世運の強い子に育つ条件とは？

英雄や大成功者の幼少時代

三つの共通項

1. 家庭のしつけがある程度厳しい 子どもは素直でスカッとした性格に
2. 母親の存在が大きい どんな状況下でも明るく前向き
3. 他人に負けない得意分野がある たとえば国語がダメでも理科は大好き

出世運を向上させるには

「守護霊を味方につける」心構えが大切

◎守護霊はいつもあなたを見守っている

第六感に磨きをかけ、守護霊の期待を察知

人間は肉体的存在であると同時に霊的な存在でもある。もうちょっと平たく言うと、いわゆる〝第六感〟があり、鋭いひらめきや予知能力、あるいは透視能力、テレパシーといった、現代科学では分析しにくいパワーを持っているということである。

運勢の強い人は、〝第六感〟が恐ろしいほど鋭い。つまり、本当にパーフェクトな運勢を自分のものにしようと思うなら、第六感、霊的パワーも磨きをかける必要があるわけだ。未来に対する予見性や創造性、また未知のものを発見するインスピレーションなどは、すべてこれである。

それらを得る一番手っ取り早い方法が、〝守護霊を味方につける〟ことである。のちに説明するが、霊感を得る奇魂《くしみたま》を磨き、ピーンと冴えた状態にしておくことである。

もちろん、守護霊といわれるぐらいだから、味方であるには違いないのだが、守護霊パワーをより完全な形で自分自身の運勢に反映させるためには、守護霊が自分に対してなにを期待しているのか、あるいはどうすれば守護霊と接触できるのかを正確に知ることが大切であろう。そうすれば、能力を一〇〇パーセント以上発揮でき、もちろん強い運勢を呼び込むことが可能になる。

守護霊はいつも、あなたを見守っている。だから、〝自分は守られている〟〝守護霊は自分の味方だ〟との意識を強く持てば、守護霊自身も気持ちよく力を発揮できるのである。

先祖霊を大切にすれば家運は確実にアップ

守護霊には、自分の遠いご先祖様がなる場合が多い。守護霊になるには、神霊界の〝ライセンス〟が必要で、これを持たずに人間に憑依《ひょうい》するのは、〝邪霊〟〝悪霊〟〝もぐりの守護霊〟ということになる。

死んでから数十年しか経っていない先祖の霊は、まだ〝ライセンス〟をもらえるほど修業の積み重ねがない。かといって、霊的パワーがないわけではなく、位牌などを〝仮の宿〟としながら、人間界と霊界を往来し、子孫の安全や健康を守っているのである。しかし、まだ霊的覚醒（平たく言えば悟り）や叡智のレベルが低いので、ある程度力は与えても、将来を見通した上での人間的、霊的な進歩、向上とはならない守護であるのだ。守護霊でないが霊的パワーはある背後霊としての存在――これをしっかり認識すれば、ご先祖様の霊をおろそかにはできないだろう。

先祖の霊を大切にすることは、目上の者やお年寄りを大切にする精神につながり、こうした正しい秩序が家庭内や社会に幸福をもたらす結果となる。そして先祖に可愛がられる人は、社会で他人から引き立てを受けるのである。これが「孝」の徳というものである。

家庭内にトラブルが続出する場合などは、位牌が傷んでいないか、あるいはいろんな位牌が入り混じっていないかなど、ご先祖様の霊を正しく祭ってあるかどうかを、確認する必要があるだろう。

守護霊パワーを運勢に反映させるには――

〝第六感〟を磨く

予見性、創造性
未知のものを発見する
インスピレーション

→ **守護霊の期待を察知**

「孝」の徳

→ **家庭内や社会に幸福をもたらす**

第一章

正しい志を持てば運が向上する

◎「幸運の星」のエネルギーを活用

強い運勢は強い霊が持ってくる

志が高ければ、それなりのパワーある運勢がやってくるが、これはとりもなおさず、強い霊が守護したり導いたりすることも意味している。つまり、強い姿勢は強い霊が持ってくるわけである。これは霊界法則でもある。

ただし、ここで注意しなければいけないことがひとつある。それは、正しい思念、志を持たなければいけないということである。「人類の幸福のために実力をつけたい」という思いのために、強い運を求めるならいい。ところが、世の中そういう人たちばかりではない。「あいつを陥れたい」「殺したい」などと、よからぬことを考える人もいるものである。こういう悪い方向の意志にもやはり霊界は感応し、それにふさわしい悪霊がやってくる。もちろん、そうなれば、うらんだほうもうらまれたほうも運勢は急激にダウンする。

したがって、ここはなんとしても、正しい思念で霊界を動かし、運勢を呼び込む必要があるだろう。また、「世のため、人のため」にと一生懸命頑張れば、守護霊をはじめとして、大勢の善霊たちが援助してくれる。それが究極的には自分にはね返ってきて、本物の幸福となるのである。

霊の力と運勢を借りるといっても、けっしてオカルト的に考えてはいけない。ごく普通の生活の中で、霊の力は発揮されるからだ。このあたりを誤解すると、高級霊のほうでも迷惑するので注意したい。

「幸運の星」のエネルギーを浴びる

さらにもうひとつ、誰にでもできる運勢向上の方法がある。それが「幸運の星」エネルギー活用法だ。

星は単なる物質のかたまりではなく、私たち人間と同じように霊界があって、〝霊気〟を帯び、しかも物質エネルギーや神霊エネルギーを絶えず地上に放射していることを理解してもらいたい。ホロスコープ等で人の運命を占うことが可能なのは、星が霊的存在で、しかも人間に多大な影響を与えていることのなによりの証拠だが、ここでは一歩も二歩も進んで、幸運の星のエネルギーを全身に浴びてしまおうというのだ。

占いなんてもう古い！　今は自分で運勢を呼び寄せ、幸運の星を自在に活用する時代なのだ。こういう感覚で、太陽や月、他の星々を眺めると、ちっぽけな自分自身の体の中が、大きな宇宙と同化しているのに気がつくだろう。そして、星と自分との関係が、「星は見るもの」から一八〇度回転して、星に見られている、守られている、導かれている、パワーを受けている！と考えられるようになるのだ。つまり、星と自分とは無関係でなくなるのだ。星からのエネルギーを浴びることで、運勢は向上し、守護霊も一層強く援助してくれるようになる。

それから、奇跡の神霊パワーが出る「神界幸運ロゴ」（一〇九ページ）を、星に祈るとき携えれば、幸運パワーは倍加される。ぜひ実践して、幸運をわがものとしていただきたい。

運勢向上の方向とは

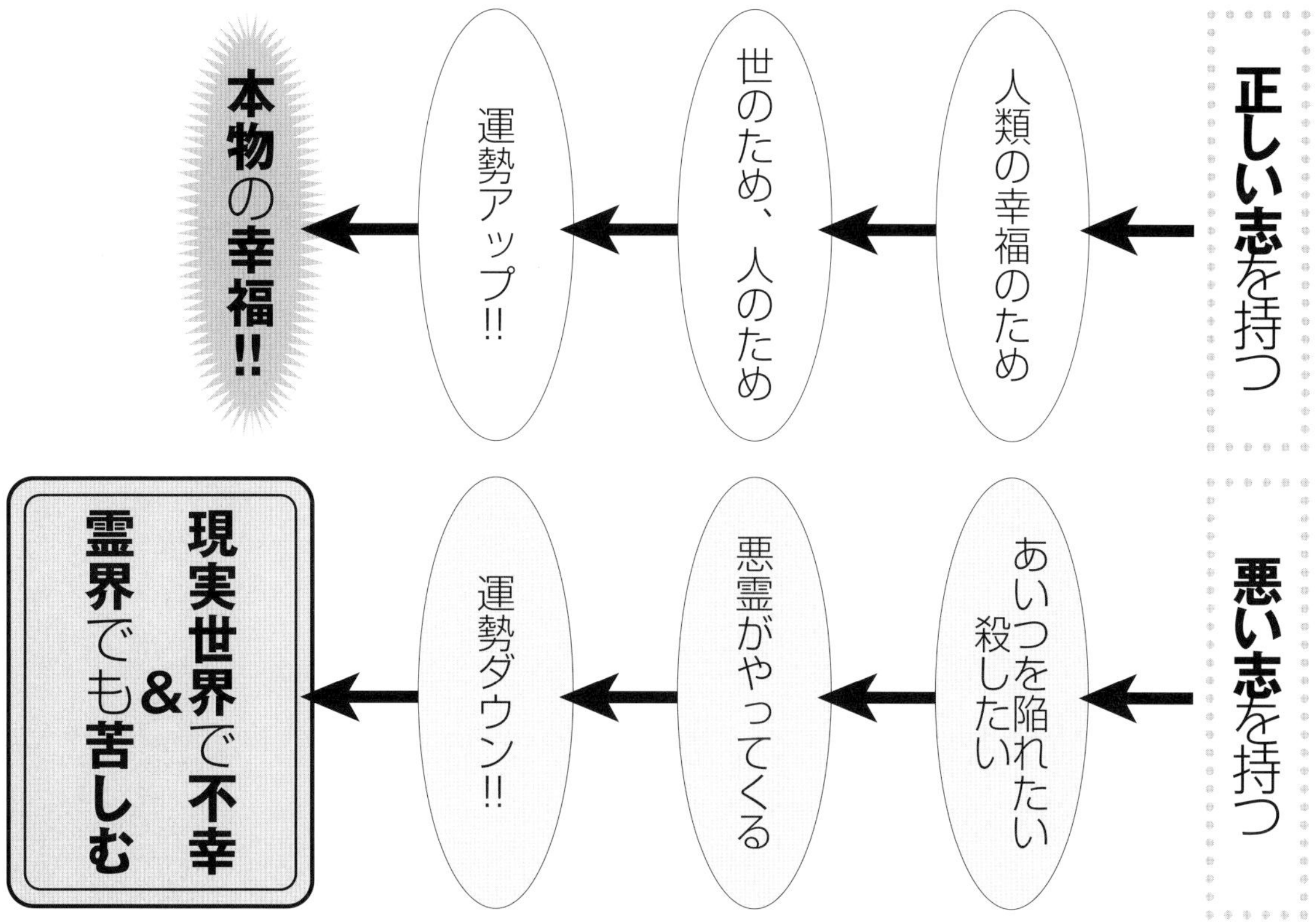
正しい志を持つ
人類の幸福のため
世のため、人のため
運勢アップ!!
本物の幸福!!
悪い志を持つ
あいつを陥れたい
殺したい
悪霊がやってくる
運勢ダウン!!
現実世界で不幸
&
霊界でも苦しむ

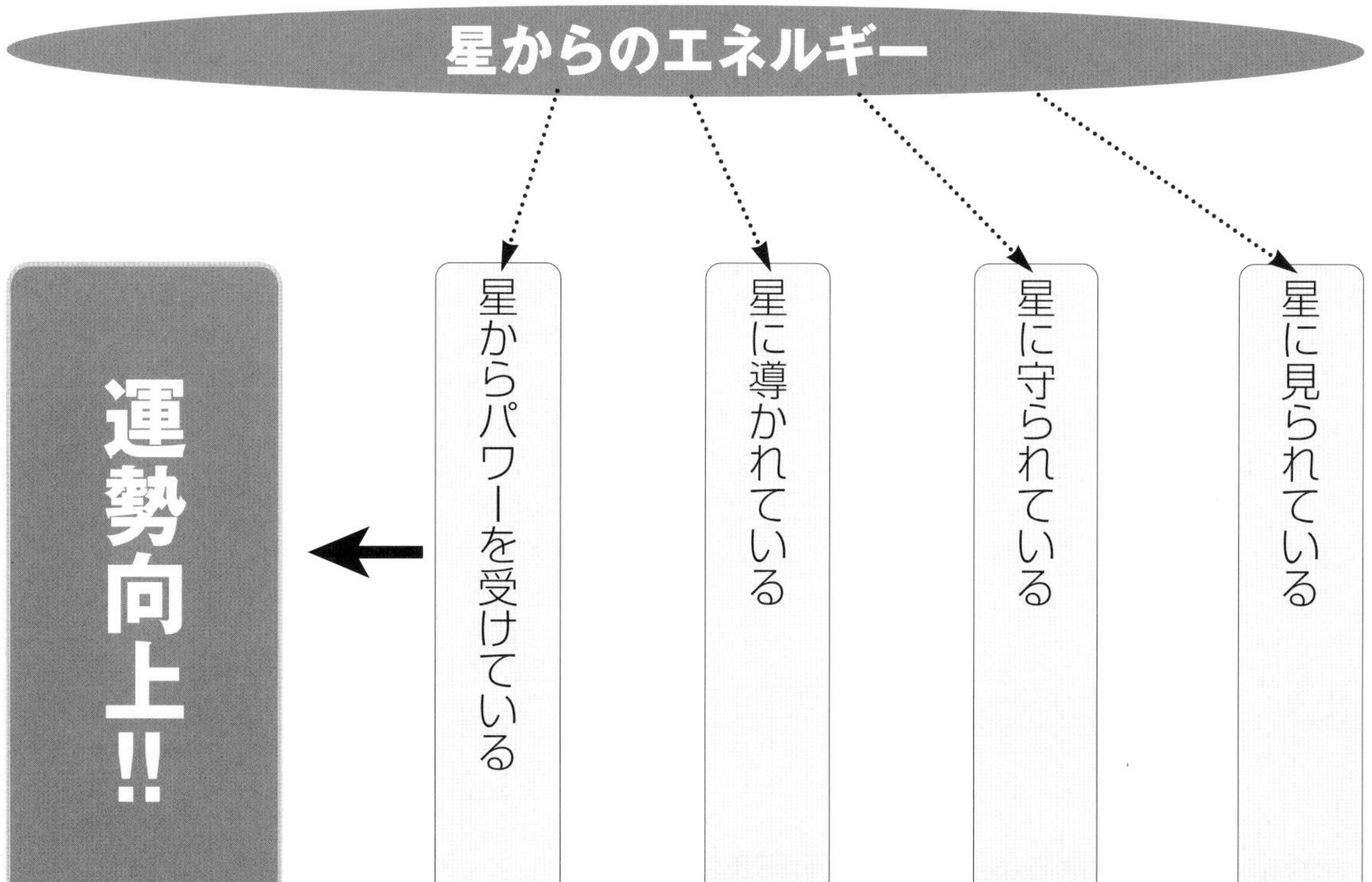
星からのエネルギー
星に見られている
星に守られている
星に導かれている
星からパワーを受けている
運勢向上!!

選択、判断に迷うときこそ成功をつかむチャンス

◎誰にでも守護霊がついている

迷ったときが運勢を向上させるチャンス

右にすべきか左のほうがいいか、あるいは進むべきか退くべきか——人生ではこんなふうに、どっちにしたらいいかと選択を迫られる場合がよくある。バーゲンの商品選びから進路の決定まで、重要度に違いはあるものの、毎日が迷いの連続だ。

運のいい人は、ことごとくラッキーな方向を選び、ツキのない人は、一生懸命考え悩んだ末に、ハズレのほうを引いてしまう。小さなハズレなら笑ってすまされるが、一生を台なしにしてしまうかもしれないハズレもあるのだ。

「ハテ？　どちらにしようか」と、ここまではみんな同じようだ。だが、この迷いの瞬間、その人がどう考えるかによって、当たりを引くか、ハズレを引くかが決まるのだ。

「必ずそうなる」と確信する

当たりを引く人の場合——

「やるだけのことはやった。あとは運を天にまかせる。だが、私は幸運の神がついているから必ず当たりを引く、そういう運勢になっているのだ。外れてもともと、悔いはない」

ハズレを引く人の場合——

「もし外れたらどうしよう。困ったなあ。なんとなく外れそうな気がするし、いつもツキがないから、今回もハズレに決まっている。きっと外れる……」

わかりやすく言えばこうなるだろう。つまり、運勢の強い人は、信念も強く、「必ずそうなる」と確信している。それが同時に、強い運勢を呼び込むことにもなるのだが、運勢の弱い人の場合は、これがすべて逆になっている。

基本的には、この心構えが大切だ。そして、この心構えを土台にして、志を高く正しく持ち、守護霊と星のパワーを活用すれば、運勢はみるみるよくなるというわけである。

その意味で、選択、判断に迷ったときこそが、運勢を向上させる大きなチャンスだと、心得ておいてもらいたい。

私は十代のころから神霊界の研究を続けてきた。そのなかで、人は死ぬと霊になること、霊界の上に神々のいる神界が存在することなどが明らかになった。

この本に関連することだけを述べれば、どんな人にも、その人を幸運に導く霊（守護霊）がついているということである。守護霊は多くの場合、その人の先祖のなかで一〇代以上前の霊格の高い霊である。私たちを守っている霊は複数いるのが普通だが、その代表を守護霊と呼ぶのである。

この本では、神霊界、守護霊の存在を信ずる観点から、日々の暮らしのなかでツキ、運をつかむために留意すべきことを解説している。大切なのは、日頃の心構えだが、自分自身がどれぐらい強運を呼び寄せることができるかどうかを知るためのチェックリストを次項に掲載したので、大いに参考にしていただきたい。活用しだいでは、性格も明るくなり、人生が楽しくなるはずである。

「必ずそうなる」と確信する

当たりを引く人

→ やるだけのことはやった
あとは運を天にまかせる

→ 私には幸運の神がついている
必ず当たりを引く

→ 外れてもともと
悔いはない

→ **当・た・り!!**

ハズレを引く人

→ 外れを引いたらどうしよう
困ったなあ

→ なんとなく外れそうな気がする
いつもツキがないから

→ きっと外れる

→ **ハ・ズ・レ**

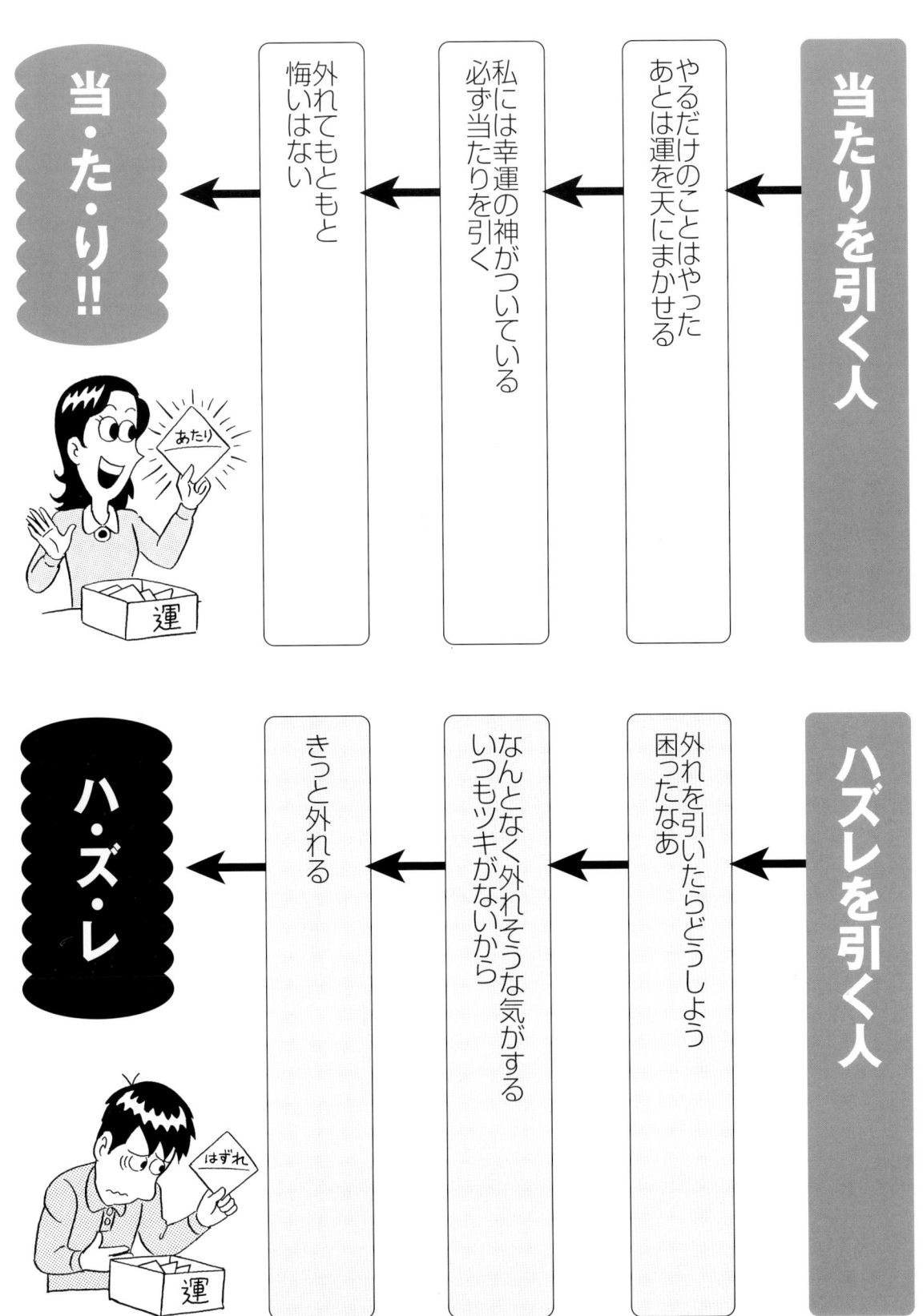

これであなたも〈強運〉が自分のものとなる!!
運勢大転換チェックリスト

運勢大転換チェックリストの見方

今一体、自分自身どれくらいの運勢を持っているのだろうか、と不安に思っている人も多いことと思う。自分の運勢状態がわかれば、物事に対してより積極的になったり、自重したり、ある程度コントロールできるからだ。

運勢が悪いのに、むやみに突っ走るのは墓穴を掘るだけ。逆に、運勢がよければ、慎重の中にも、果敢に物事に取り組めるというわけである。

このチェックリストで自分の運勢状態を点検しよう。もし、点数が低くて〝悪運勢傾向〟にあったら、よく反省して再出発すればいい。

また、点数が高いからといって、自慢したり高慢になると、足もとをすくわれ、とんだ失敗を引き起こすことにもなりかねないので、絶えず謙虚な気持ちが大切になる。

運勢は他から与えられるものではなく、基本的には自分自身が作り出し、呼び寄せるものであることを忘れてはいけない、また、このチェックリストで気をつけてもらいたいのは、点数が悪かったからといって〝どうせオレはダメさ〟と投げやりになってしまうことである。そう思った瞬間、本当に運勢は悪くなる。そういう場合は〝これ以上悪くなることはない。あとは上昇あるのみ〟ぐらいに考えてもらいたい。すると、気が晴れて、運勢はみるみる向上していくものである。

こうした点を心得た上で、チェックに臨んでいただきたい。

採点方法と対処の仕方

一つひとつの質問に対して、「ハイ」は三点、「普通」は二点、「イイエ」は一点として採点する。あまり考えず、直感で決めること。

［合計点数…一二〇点以上］

すでに、大運勢が頭上に渦巻いている。あとは、努力と実行あるのみ。我を捨てて志を高くすれば、明治維新の志士たちのように、時代を背負うような大人物になれるだろう。

［合計点数…一〇〇～一一九点］

かなりよい運勢が近くにある。積極的によいことを行い、さらに、人に好かれるようになれば、運勢のレベルアップが可能だ。

［合計点数…七〇～九九点］

わがままな心を捨て、みんなの幸せのために生きるよう努力すべし。よい運勢を呼び込むためには、感謝の気持ちを忘れずに。

［合計点数…六九点以下］

そのまま放っておくと、悪霊にとりつかれ、運勢が急降下する危険がある。まず、自分自身の生き方を反省し、目上の人を尊び、正しい心で生活できるように。イライラせず、心をゆったり、明るく生きるように心掛けよう。

――自分の運勢状態を知る診断法――

ハイ	普通	イイエ		
□	□	□	1	性格は明るいほう。
□	□	□	2	あまりくよくよしない。
□	□	□	3	争いごとは嫌い。友人と仲良くしたい。
□	□	□	4	悩んでいる人がいたら相談にのってあげる。
□	□	□	5	悪いことをしている人がいたら注意する。
□	□	□	6	動物をかわいがり、世話もする。
□	□	□	7	なんでも積極的にやってみようと思う。
□	□	□	8	だれかが失敗したら、責めないで許す。
□	□	□	9	人の意見に耳にかたむける。
□	□	□	10	自分が損をしても、人のために我慢する。
□	□	□	11	人に道を聞かれたらちゃんと教えてあげる。
□	□	□	12	お年寄りに、バスや電車で席を譲る。
□	□	□	13	うれしいときは、素直に表現する。
□	□	□	14	目上の人に対して、ちゃんと挨拶できる。
□	□	□	15	失敗は成功の母、は本当だと思う。
□	□	□	16	人の欠点より長所を見るように心掛ける。
□	□	□	17	自分の考えは、はっきり主張する。
□	□	□	18	人を笑わせるのが好き。
□	□	□	19	約束はきちんと守る。
□	□	□	20	ものごとはいつも最後までやり通す。
□	□	□	21	自分が悪いと思ったら素直にあやまる。
□	□	□	22	「ダメ」より「イイ」の言葉を多く使う。
□	□	□	23	自分はいつも幸せだと思っている。

ハイ	普通	イイエ		
□	□	□	24	弟や妹、年下の子どもをかわいがる。
□	□	□	25	友だちがたくさんいる。
□	□	□	26	おじいちゃんやお父さん、お母さんが好き。
□	□	□	27	嫌いな人より、好きな人のほうが断然多い。
□	□	□	28	人の長所をほめることが好き。
□	□	□	29	机の上、部屋の中はいつも整理されている。
□	□	□	30	助けを求められたら、任せなさいと言う。
□	□	□	31	食べ物の好き嫌いはなく、なんでも食べる。
□	□	□	32	いつも清潔な服を着ている。
□	□	□	33	「勇気」「愛」「真実」という言葉が好き。
□	□	□	34	こうすればもっとよくなる、と考える。
□	□	□	35	つらいことでも、それを乗り越えようとする。
□	□	□	36	嫌いな相手とでも、自由に話ができる。
□	□	□	37	いつも一番になりたいと考えている。
□	□	□	38	自分は負けず嫌いだと思う。
□	□	□	39	大切なものは、いつも大事にしている。
□	□	□	40	地球と人類は絶対に滅びない。
□	□	□	41	霊界や神界は必ず存在すると思う。
□	□	□	42	一生懸命やれば、必ずむくわれると思う。
□	□	□	43	世の中は悪人より善人が多い。
□	□	□	44	いつも感謝の気持ちを忘れない。
□	□	□	45	人の忠告は素直に受け止める。

〃幸運の運び屋〃守護霊にアタック

◎守護霊と前世を知る

守護霊とは——漫画家・松本零士先生の場合

これまで、守護霊についてかなり記述してきた。しかし、まだピンとこない人もいるだろう。私は守護霊を描写できる、というより、私の手を使って守護霊が自画像を描くのである。その具体的な一例を、著名な松本零士先生の場合で説明したい。

先生には昭和六〇年の暮れ、私どもの事務所に来ていただき、守護霊と前世を鑑定させてもらった。松本先生の前に座り、念を集中して自然トランス（入神）状態に入る……。

「見えてきましたよ。松本先生には六九人の大守護霊団がいらっしゃいますね」

私はこう説明しながら、目の前に置かれたスケッチブックに守護霊の顔を描き出す。私、ではなく守護霊が私の体を借りて自画像を描くのだから、間違いは少ない。リアルな絵が可能だ。

描き始めて五分ほどで、一人の人物が完全に浮かび上がってきた。絵の仕上げは目の描き入れと〃作者〃の名前。つまり自画像本人の名前だ。松本先生の守護霊のお名前は……。

「第一二代天皇　景行《けいこう》天皇」

なんと天皇の霊が松本先生を守護していたのだ。景行天皇は、文献によれば日本武尊《やまとたけるのみこと》の父親で、九州地方を征討した人物とされている。それで使命をおびて艱難辛苦を越えて戦う『宇宙戦艦ヤマト』を松本先生に描かせたのか。ヤマトタケルの一生が象徴されていて、なんとなく関連性がわかるような気がする。

松本先生の前世を見る

今度は前世も見てみることにする。ところが、今度は先ほどとはうって変わって、非常に重苦しい霊波が私を包む。私の口をついて霊が語るセリフは、低くしわがれていて、「皇帝め、皇帝め」と繰り返している。

全員がかたずを飲んで見守る中、二分、三分と時間が過ぎていく。その間、私は必死に前世自画像を描き続ける。五分ほどたった。人物像はほぼ完成に近く、最後に目を描き入れたところで、額のあたりから非常に強い念波の放出も描く。が、前世の顔は目がつり上がり、怒った表情が如実にあらわれている。

「この人は一体、誰だろう」と思っていると、霊が私の右手を借りて名前を書き込んだ。

「司馬遷《しばせん》」

なんと、松本先生の前世は、『史記』を書いた中国の偉大な歴史家・司馬遷だった。

「司馬遷は暗くて狭いところに閉じ込められ、最後は刀で切られて死んだようですね。皇帝に対して非常に強いうらみを持っていたようです」

私はみんなにこう説明するのがやっとで、「フーッ」と大きく息をついてソファーに腰を落としてしまった。松本先生は感慨深げに目を白黒させ、半信半疑といった様子だ。

松本先生は古代文明や遺跡に強い関心を持たれていると聞く。前世、司馬遷の思いが、「古代の歴史にロマンを感じる」という形になってあらわれているのかもしれない。

守護霊、前世とは? 松本零士氏の場合

守護霊からのメッセージ
※17歳のころから守護している
※青少年に夢を与える仕事を今後ともがんばってやるように

前世とは
※ 本人には前世だった当時の記憶が生きている
※ 前世と本人は厳密にいえば同一人物ではない
※ 本人の脳の奥底の潜在的記憶の中に、前世が住んでいる
※ 私たちがよく感じる、「なんとなくこのジャンルに興味が湧く」とか、「この仕事が天職のような気がする」というのは、前世の思いがそうさせている場合が多い

◇ 前世についてもっと知りたい人は、『強運』の他にも、『大金運』、『大天運』、『大創運』(いずれも深見東州著、たちばな出版刊)などにも詳しい。

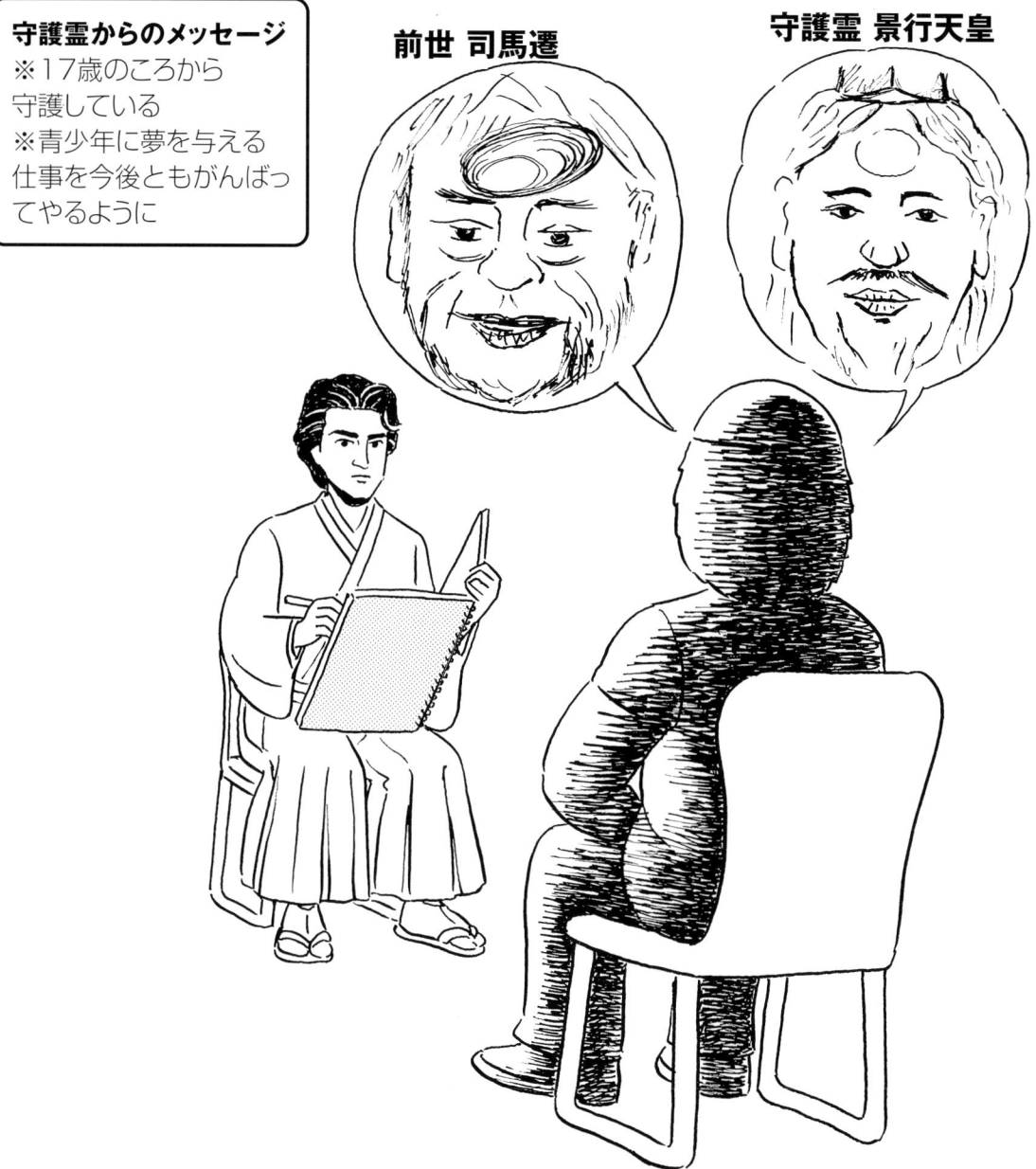

守護霊とのコミュニケーション…①

守護霊へのお願いは声に出すとよい

声に出すことで顕現パワーが発生する

守護霊は心の中をすべてお見通しだから、改まって声に出して願い事を言わなくても、きっと聞き届けてくださる、と考えている人がいるのではないかと思う。確かに守護霊は、頭の中で思いをめぐらした瞬間、その願いがどんな内容のものなのか、ちゃーんとわかっておられる。

しかし守護霊も、もともとはわれわれと同じ人間。丁寧に声を出してもらったほうが、やはりうれしい。

それにもうひとつ、言葉に出して願い事をすると言霊《ことだま》から顕現パワーが発生し、自分自身の潜在意識にも呼びかけることになるし、守護霊に対する霊的確信も深まるわけである。

「守護霊さん、願わくば自分の運勢が一〇倍よくなるようにしてください」と口に出してしまうと、心の中から自信が湧きあがってくる。そして、全身に強烈な確信パワーがみなぎってくる。さらに内容をできるだけかみくだき、克明にイメージして逐一言葉に出してお願いすると、実現化の速度や度合いが強くなる。

たとえば「守護霊さん、明日一時から二時まで、斉藤さんと見積もりのことで打ち合わせを行います。できるだけ相手とこちらが納得できるいい条件で結論が出ますように、よろしくお願いいたします」などと。

相手の実名、場所、時間、内容、希望する結論などを、具体的に申し上げ、その中に〝相手よし、われもよし〟の発想と、自分が向上しようという意気込み、守護霊の働きに対する信頼と感謝を言葉にする。できるだけ感情を込めるようにすれば、願いはかなえられるはずである。

守護霊に願いをかけても、かなえられないこともある

しかし、願い事がかなえられないこともある。それはなぜだろうか。

まず第一に、自分に我《が》と慢心および侮り、油断、怠慢等がある場合。これでは守護霊に見放されて、いくら祈っても効果はない。

次に、結果に対してあまりにも執着心が強い場合。これは本人の出す執着心が黒雲をつくってしまい、守護霊の働きを鈍くしてしまうからだ。

最後は、守護霊が祈りの内容をかなえないほうが本人や相手にとって幸せであると判断した場合である。

侮り、油断、怠慢に関しては問題外だが、それ以外は避ける方法がある。祈りの最後の部分に工夫をして心を込めて、「すべて守護霊様におまかせします」と最後を結ぶのである。

人間は悲しいかな未来のことはわからない。しかし守護霊は違う。霊界にいて先の先までご存じだ。今、自分の願っていることがすべて将来の幸せであるとは限らないのだ。

つまり、どこまで強く願い、どこから先を〝ゆだねるか〟が問題となるわけだ。その答えは、八割は徹底して信じて願い、あとの二割は守護霊の未来予測の価値基準にゆだねるのだ。とくに、いくら願っても逆方向に事が運ぶときには、「守護霊様が先々を見通して、よくないと判断されているのだ。この成り行きのほうがベターに違いない」と考えよう。

守護霊へのお願いは八割信じ、二割ゆだねる

自分 → 顕現パワー → 確信パワー → 実現化!!

言葉に出す
「自分の運勢が一〇倍よくなるようにしてください」

自信が湧きあがる
「願いをかけたから必ずそうなる」

願いをかなえるための心得

1. 内容をできるだけ具体的に
2. 〝相手よし、われもよし〟の発想
3. 自分が向上しようとする意気込み
4. 守護霊の働きに対する信頼と感謝を言葉に

→ **実現化!!**

1. 自分に我、慢心、侮り、油断、怠慢がある
2. 結果に対して、執着心が強い
3. 守護霊の高い見地による判断

→ **実現しない**

⇐ **「すべて守護霊にゆだねる」**

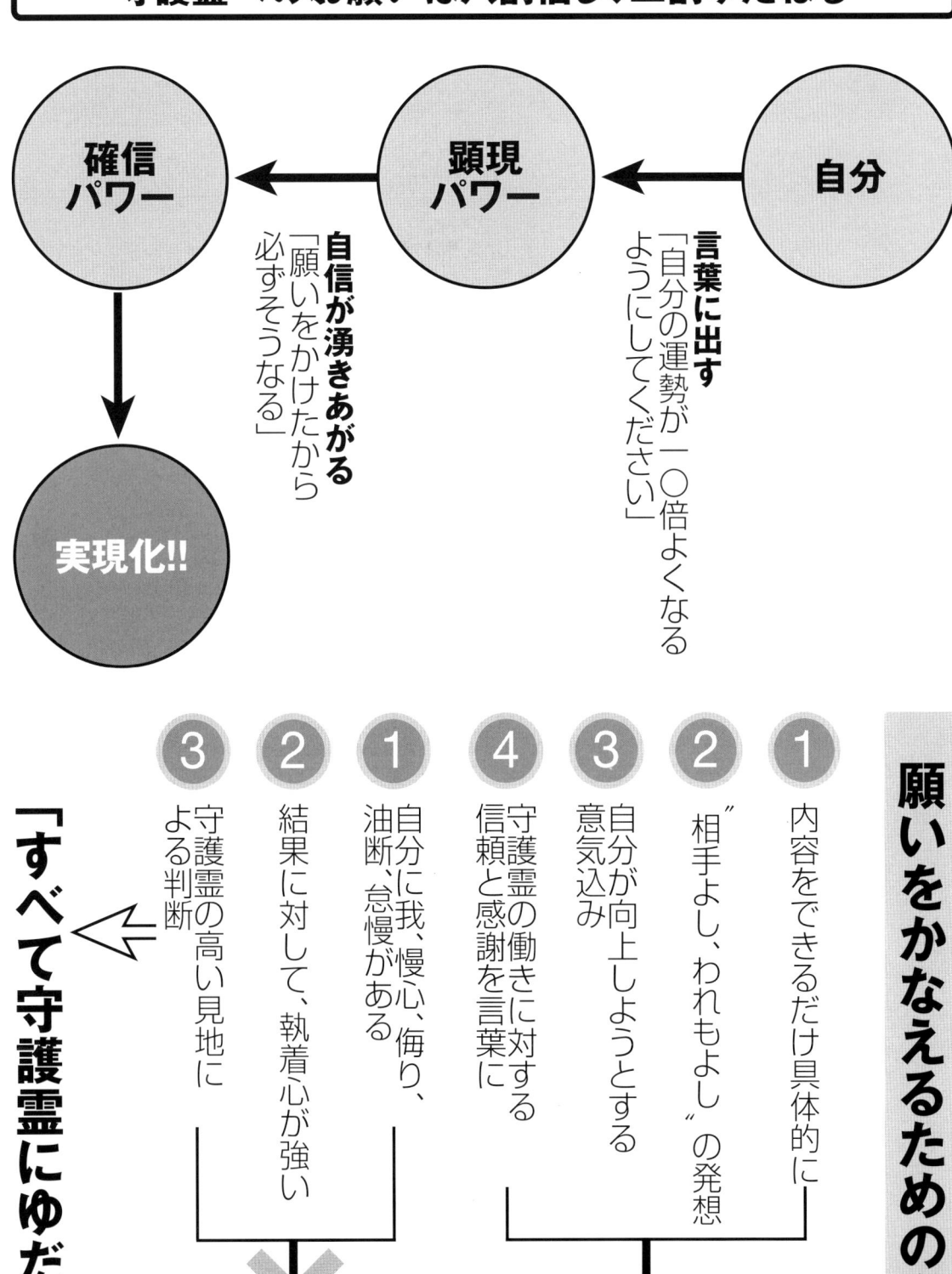

守護霊とのコミュニケーション…② 返事は夢や直感で

★イメージが浮かんだほうが守護霊の答え

さて、具体的なお願いに対して、守護霊はどのような形で返事を与えてくれるのだろうか。たとえば、ボーナスの使い道。家族旅行に回そうかなあと迷っている場合。

まず、「守護霊様、家族と自分にとってよいほうを教えてください」とお祈りする。

霊的に研ぎ澄まされている人ならば、目を閉じて願いを発すれば、その瞬間、家族が美しい音楽を聴いている様子が見えるかもしれない。あるいは、温泉につかっている姿が見えるかもしれない。イメージが浮かんだほうが守護霊の答えである。

しかし、これはまれなケースだ。次は夢で教えられる場合。夢などあまり見ないという人が、その夜に限って、家族そろって汽車に乗って楽しくおしゃべりしている夢を見たりする。そういうときの夢はカラーではっきりと見え、よく覚えていて、目覚めても、しばらくの間旅行気分が抜けないといった感じである。

逆に、守護霊が「旅行はやめたほうが」と教える場合は、飛行機や列車の事故などの夢を見させることもある。危険信号を発しているのだ。

またもや突然、今度は電話が鳴り出す。相手は田舎の両親。「ワシらの近所で最近温泉が湧き出しての、家族そろって入りに来んか」などと言う。これで九〇パーセント以上の人は、守護霊の働きを感じ取って、温泉行きを決めるだろう。

直感力も弱く、夢も見ないという人に対しては、守護霊はなんとか願いを聞き届け、間接的に答えを伝え

ようとするのだ。その答えは、たてい三回以上伝えられる。たとえば、こんな具合だ。

一回目。突然、懐かしい友だちが訪ねてきて、先日家族で温泉旅行に行ったことを、しゃべりまくる。普通の人なら「ハハーン、守護霊さんが守護霊さんの答えか」と気がつく。

二回目。セールスマンが家に訪ねて来た——ピンポーン。このセールスマンの口車に乗せられて、「これが守護霊さんの答えか」と気がつく。

直感がダメなら夢、夢がダメなら友人知人の口を通して、それでもダメなら誰かを直接派遣してでも答えを伝えようとする。涙ぐましい守護霊の姿がそこにある。

しかし、守護霊にとってみれば、これはかえって好ましい態度なのである。疑って疑ってついに確信を得るほうが、信じて疑いがないからだ。

とくに、一生涯の岐路に立たされたときは、徹底して問いを投げかけ、もう絶対に間違いがないと確信できるまで、その証を取り続けるのがよい。直感的な解答と、間接的な証の両用をお勧めする。

★周囲の人の口を借りて指示することもある

三度目は、セールスマンが家に訪ねて来た——ピンポーン。このセールスマンの口車に乗せられて、「これが守護霊さんの答えか」と気がつく。

直感がダメなら夢、夢がダメなら友人知人の口を通して、それでもダメなら誰かを直接派遣してでも答えを伝えようとする。涙ぐましい守護霊の姿がそこにある。

しかし、守護霊にとってみれば、これはかえって好ましい態度なのである。疑って疑ってついに確信を得るほうが、信じて疑いがないからだ。

とくに、一生涯の岐路に立たされたときは、徹底して問いを投げかけ、もう絶対に間違いがないと確信できるまで、その証を取り続けるのがよい。直感的な解答と、間接的な証の両用をお勧めする。

守護霊の答えの伝え方

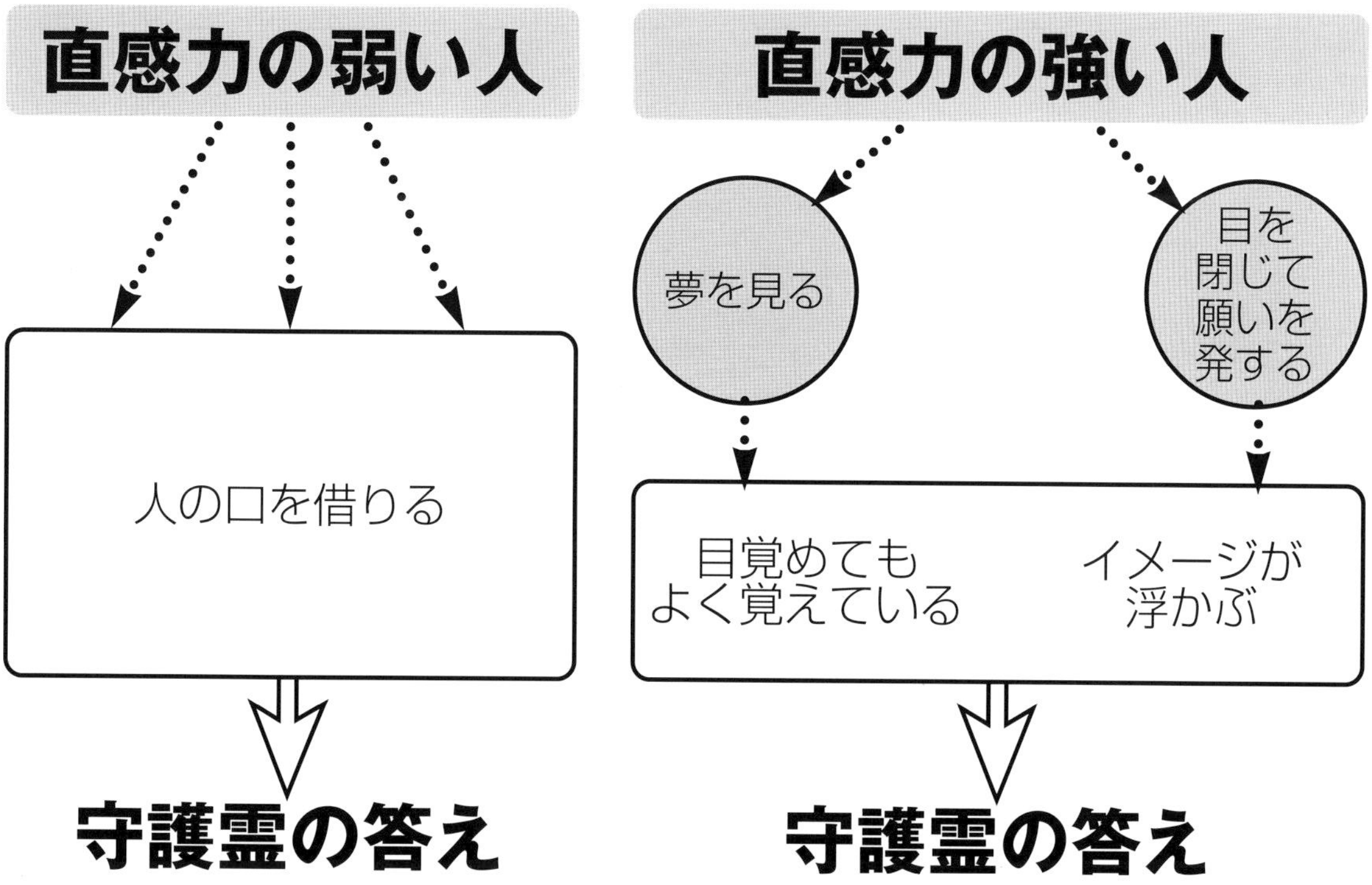
直感力の弱い人
人の口を借りる
守護霊の答え
直感力の強い人
夢を見る
目を閉じて願いを発する
目覚めてもよく覚えている
イメージが浮かぶ
守護霊の答え

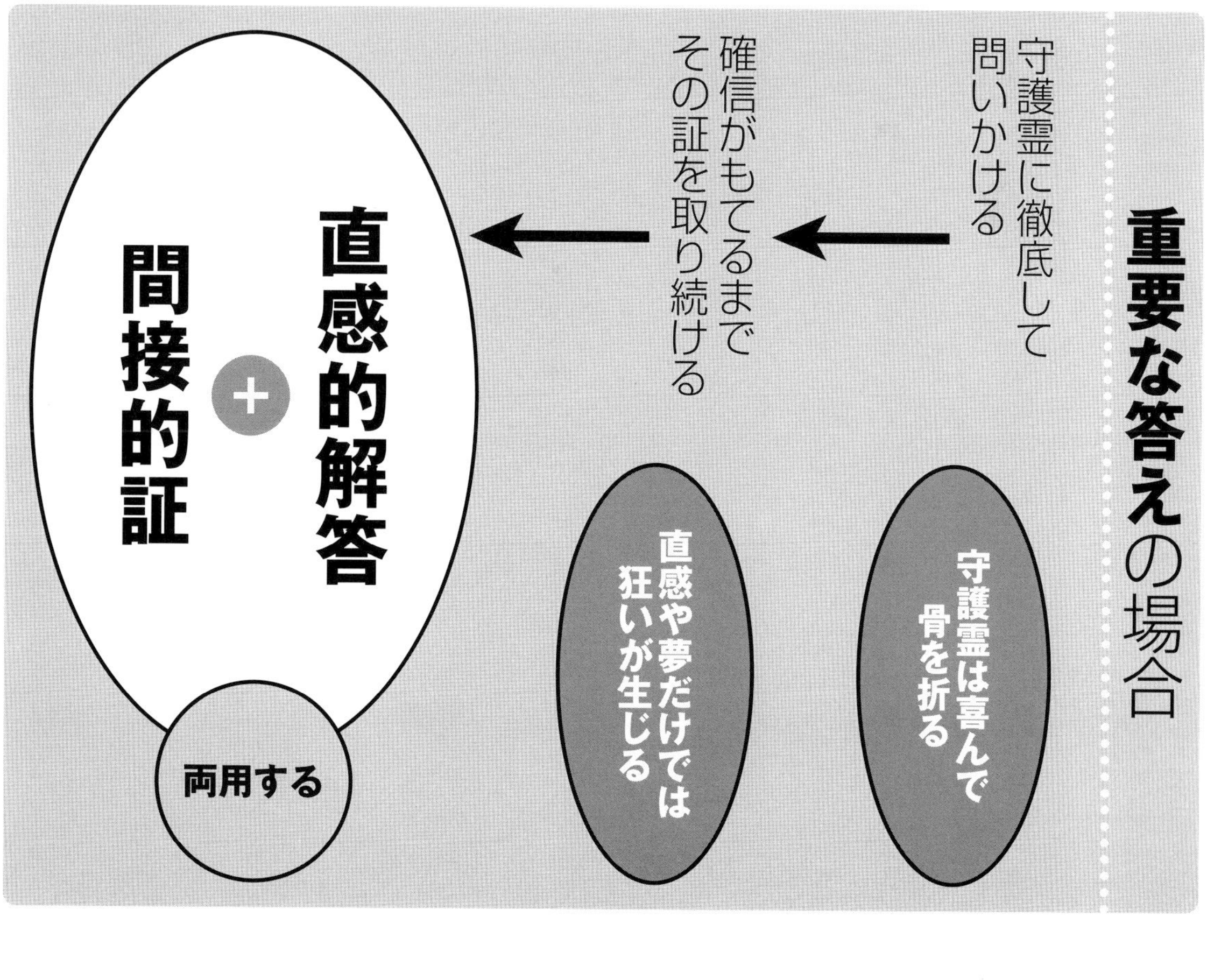
重要な答えの場合
守護霊に徹底して問いかける
確信がもてるまでその証を取り続ける
直感的解答
＋
間接的証
両用する
守護霊は喜んで骨を折る
直感や夢だけでは狂いが生じる

第二章

避けられない災いをどうするか

◎天が与える試練もある

天の試練か、悪霊のイタズラか

お金をどう使おうか、どっちの方角へ引っ越したらいいかなどといった、直接答えが返ってくる場合なら、心を素直にして、守護霊の「声」に耳を傾ければいい。しかし、どうしても避けられない災いもある。守護霊にはどうすることもできない災いもあるのだ。

天が、その人に災いを与えてどうしてもより大きな成長を促す必要があるときには、これは避けようがない。しかし、これは悪意でやっているのではなく、天は自らの心を痛めながら、本人の成長のために泣く泣く試練を与えるのである。したがって、この災いは甘んじて受けなければならない。

ところが、悪霊がイタズラで災いをもたらすこともある。病気になったりケガをしたり、あるいは、あと一歩で仕事が完成するという段階になって、思わぬアクシデントを生じさせて全部パーにしてしまう、といった具合である。タチが悪いうえに、こんなものにとりつかれると、運勢も坂道を転げ落ちるように急降下しはじめる。早いうちになんとかしなければいけない。

大難は小難に、小難は無難にする

そこで、大事を成す前には必ず守護霊にお願いすることにしよう。また、いつ思わぬアクシデントに巻き込まれるとも限らないので、日ごろから守護霊のご加護をお願いしておいたほうがいい。とくに、親戚や家族で悪霊狙われ型の人生を送る人が多い場合は、真剣にやったほうがいいだろう。いうなれば守護霊ガードマンといったところか。

この守護霊ガードマンの日当はタダ。ボーナス、厚生年金、社会保険、失業保険等、一切不要で、年中無休、一日二四時間守っておられるのだ。なんとありがたい、尊い存在ではなかろうか。お金はいらないし、労働条件にも文句は言われない。

ただし、お金の代わりに「守護霊さんが守ってくれる。いや、すでに守られている」という強い信念と感謝の気持ちが必要となってくる。それさえあれば守護霊は満足してくださる。こんな方は親戚はもとより日本中、いや世界中探しても絶対いないはずだ。

そして、信念が強ければ強いほど、守護霊のパワーも強くなる。そのパワーによって自分に降りかかってくる災いが小さくなるのだ。本来なら大難が降りかかるはずなのに小難になったり、小難ならば無難になったりするわけである。

悪霊のイタズラばかりではない。ときには試練さえも軽減されることがある。守護霊が「彼もこんなに一生懸命やっていますから、ここはひとつお手やわらかに」と、天に対してとりなしてくれるわけだ。一〇〇の試練が八〇ぐらいになるかもしれないが、結局のところ、自分自身が行いをちゃんと改めて、自分を立派に磨き世のため人のために尽くすようになれば、天も守護霊の願いを聞き届けてくれるのである。

守護霊に願う

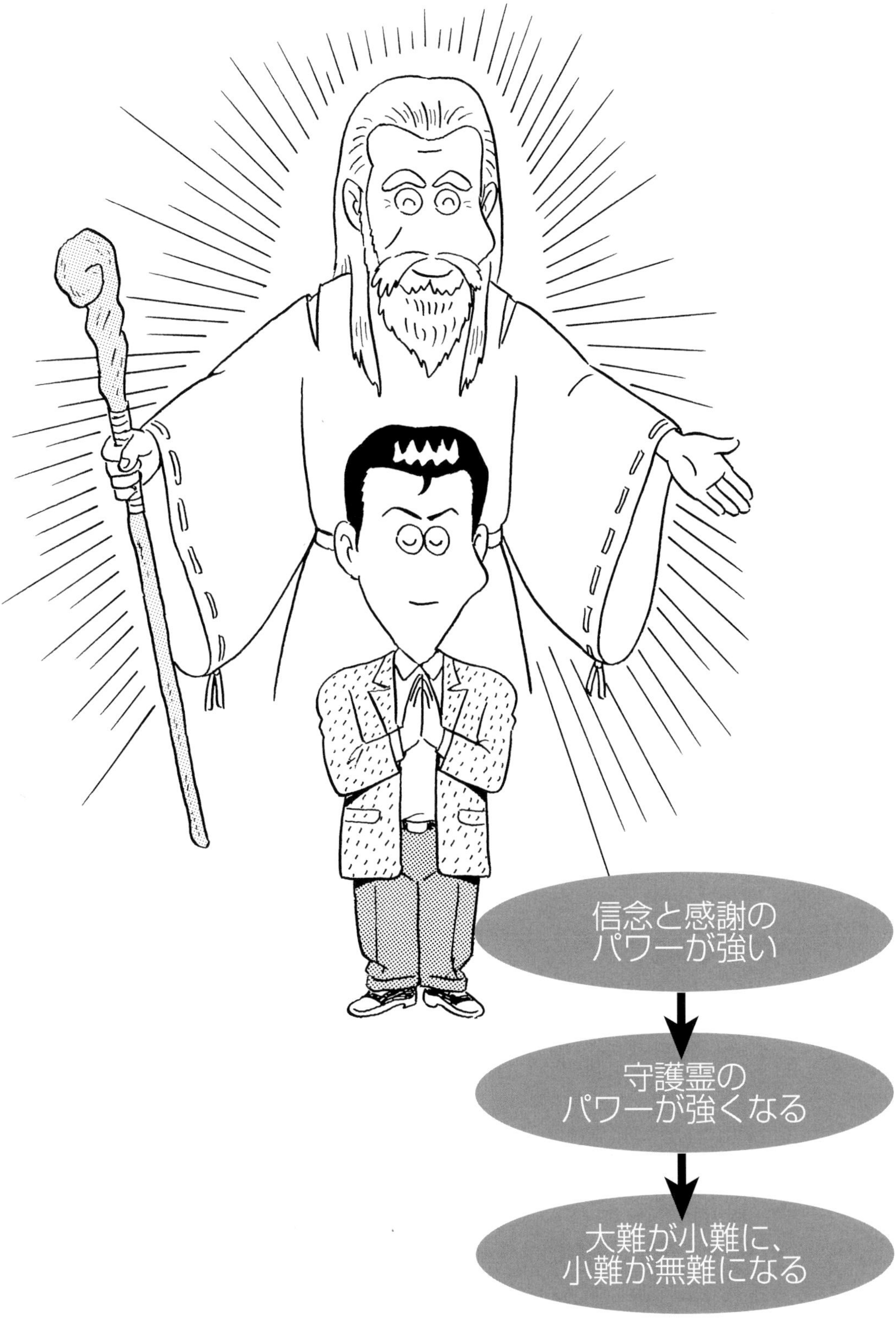
信念と感謝の
パワーが強い
守護霊の
パワーが強くなる
大難が小難に、
小難が無難になる

第二章

大切なのは本人の努力

◎願うだけでは守護霊は協力しない

運・不運を演出するもう一人の自分

✺ 努力する人には全面的協力を惜しまない

 なんでも守護霊が聞いてくれるからといって、自分のやるべきことを怠ると、大変なしっぺ返しをくらうことになる。これは私の体験なのだが、一度痛い目に遭ったことがある。

 私が大学生のときだった。試験が間近に追っているのに、勉強がはかどらない。そこで、神様、守護霊様によくお願いして、ねじりハチマキで必死に勉強していたら、「このへんが出そうだな」というヒラメキが湧き上がってきた。しかし、そのヒラメキに全部をゆだねるわけにもいかず、とにかく汗だくで勉強を終え、試験に臨んだのである。するとどうだ。ヒラメキはピッタリ当たっていた。


 なんと守護霊さんがお教えくださったんだ。次もよろしくお願いします」とムシのいい感謝を述べておいた。

 「ぼくのヒラメキはすごい。きっと守護霊さんがお教えくださったんだ。次もよろしくお願いします」とムシのいい感謝を述べておいた。

✺ 切磋琢磨する姿勢が真に尊い

 さて、数カ月後、試験の季節がまたやってきた。試験日が追ってきても今回はそんなにあせらない。なぜなら、私には強い味方、守護霊がついているから、試験問題はヒラメキでみんなわかってしまうという、確固たる自信と喜びがあったからだ。

 いよいよ試験当日。机に座り、配られる問題と答案用紙を心待ちにしていた。「今回も満点解答をしよう」


るではないか。おかげで、試験は満点を取ることができた。

 パラリ。問題用紙を見た。「アレ？ちょっと変だな」と思う間もなく、全身から血の気が引いていく。なんと、自分の考えていた問題と中身がまったく違うのだ。真剣に勉強もせず、自分がやるべき最大の努力を怠った天罰に違いないとホゾをかんだが、時すでに遅し。試験の結果はもちろん散々なものだった。

 それから猛烈に反省して、神様や守護霊にお詫びした。「再び霊感を当てにすることはいたしません。どうかお許しください」と、畳におでこがこすれて真っ赤になるくらいにお詫びした。

 いくら守護霊といえども、強い私利私欲の願いや侮り、油断、怠慢から出た願い事を聞き届けるわけはない。なぜならば、正神界の高級霊だ

と自信満々である。

 からだ。そんな願いを聞いていたら、世の中はナマケモノばかりになってしまうだろう。本人が一〇〇パーセント努力してもどうにもならないとき、その願いが十分、天意（真にその人のためになるか）にかなうものであれば、守護霊があと押ししてくれるのである。いや、前に立ってどんどん導いてくださることもある。

 霊的に少し敏感になると、「オレは霊界が見える、予知能力が備わっている」と自慢する人を見かけるが、これは厳に慎まなくてはいけない。霊的に敏感だから偉いのではないのだ。自分の力を一〇〇パーセント発揮して、世のため人のために尽くそうと、日々切磋琢磨（せっさたくま）する姿勢こそ真に尊いのである。そして、天も守護霊もそういう人に対しては全面的に協力を惜しまないのである。

守護霊は努力する人をあと押しする

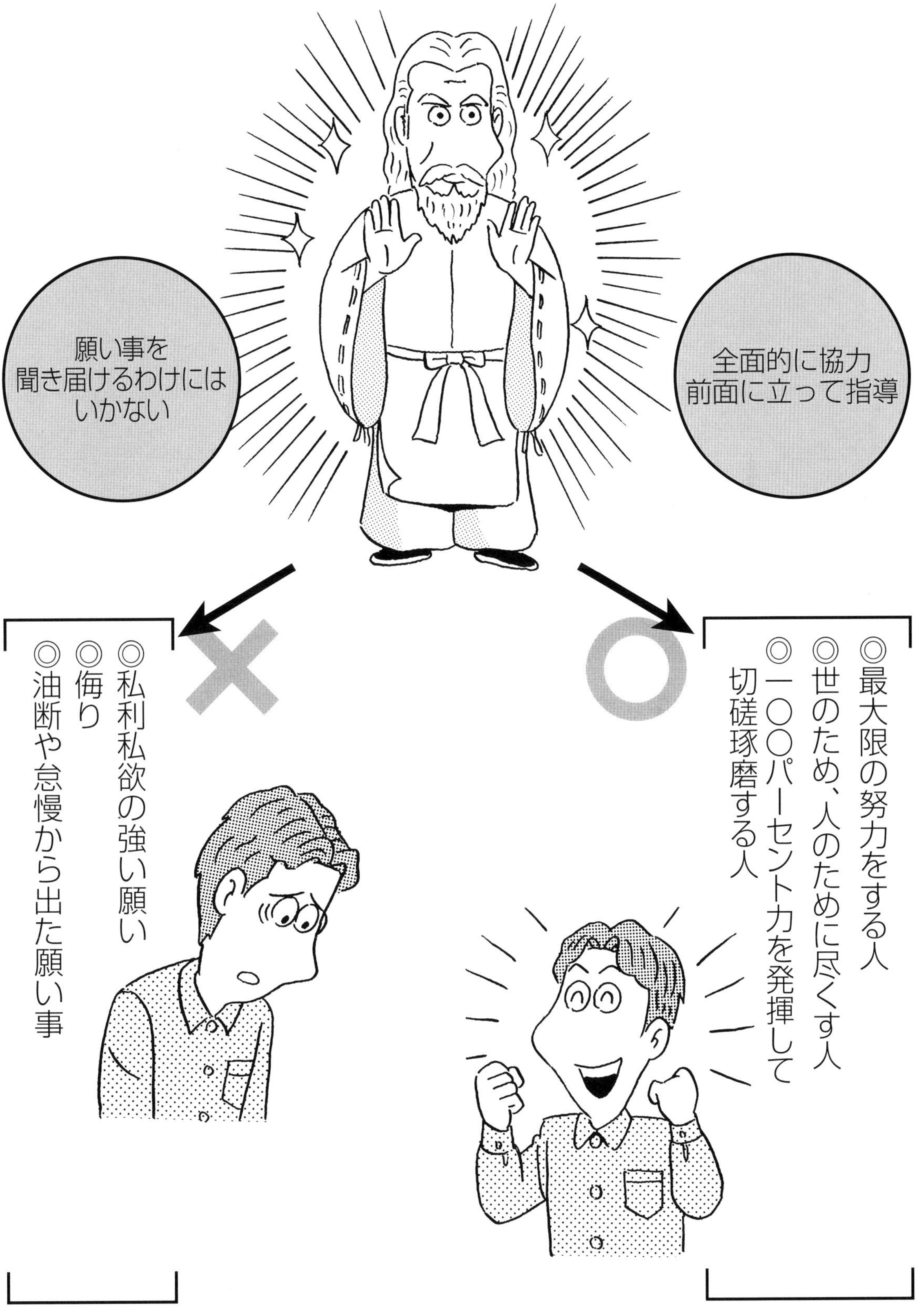

感謝すれば守護霊も働かざるを得ない

◎守護霊に対する礼節

守護霊に対して礼節をわきまえる

もうひとつ、守護霊との関係で重要なことがある。それは礼節をわきまえる、ということだ。

守護霊たちが生きていたのは、封建制度が確立していて、礼儀作法はもちろんのこと、親や年上の人にきちんと孝行を積むことが当たり前の時代だった。外国人やお坊さんの場合はそれほどでもないが、武士の霊はとくにそうだ。それに、神霊界は秩序正しいピラミッド型の厳然とした組織になっているので、礼節を重んじる心はすべてに通ずるのだ。

したがって、願い事をするときは姿勢を正して、邪念にとらわれず一心に願うべきだ。そして願いが聞き届けられ、回答が得られたら、「守護霊さん、ありがとうございました。今後も努力しますから、よろしくお願いします」と、感謝すべきである。

その結果、「こんな少しの働きだけで、そんなに喜んでくれるのなら、次はもっと大きく助けてあげよう」ということになる。つまりリピートオーダーがきくわけで、守護霊の働きを継続して得ることができる。

逆に、お礼も感謝もしなかったらどうなるか。

「せっかく働いたのに、なんてやつだ。ありがとうの一言ぐらいは当然あって然るべきだ。まったく礼儀知らずでケシカラン」

何もお礼が欲しくて守護霊を務めているわけではないだろうが、ヘソを曲げたくもなる。それでもわれわれの幸せのために日夜活動しておられるのだ。

「守護霊追い込みの秘法」

こんな守護霊たちを感動させる秘法がある。その奥義を授けておこう。

感謝の言葉を守護霊の時代に合わせて述べるのである。つまり、万葉歌や古代歌謡、長歌、短歌、祝詞などに合わせて作文する、候《そうろう》をつけて候文にするなどである。生きておられた時代により、言葉も多少異なるであろうが、こちらから守護霊の世界に歩み寄るという努力を愛《め》でていただこうというわけだ。下手でもいい、その姿勢と誠に打たれるのである。

そして、このように絶えず守護霊に感謝していると、思わぬところで得をすることがある。

疲れ果てて電車に乗り込んだら、あいにく満員で座れる席がない。仕方なく立っていると、目の前の人が立ち上がって席を譲ってくれた。

「ああ、きっとこれも守護霊さんの働きに違いない。守護霊さん、どうもありがとう」

ところが、これは守護霊の働きではなかった。目の前の人が目的の駅で降り忘れ、あわてて席を立っただけだった。感謝されたのに、それは違っていたのだ。

相手が感謝しているのに、それを無視するほど無慈悲な守護霊はいない。「よしよし、わかった。今度電車に乗ったら、お前のために席をひとつ確保しておいてやろう」と、先まわりしてでも感謝に応えてやろうとするわけだ。

これを私は「守護霊追い込みの秘法」と呼んでいる。

守護霊たちを感動させる秘法

守護霊と礼節

礼節をわきまえない
↓
お礼も感謝もない
↓
守護霊イヤな顔をする
↓
願いが聞き届けられない

礼節をわきまえる
↓
願い事をするとき、
姿勢を正して一心に願う
↓
解答が得られたら感謝する
↓
守護霊の働きを
継続して得られる

感動させる奥義は……

感動の言葉を
守護霊の時代に
合わせて述べる

明治維新を演出した霊たち…①

時代の節目にはアクの強い霊がうごめく

明治天皇の国を想う至誠が国運を盛り上げた

日本の近代化の夜明けともなった明治維新の話をしよう。というのも、時代の大きな節目には、神様が、強いパワーを持った霊を呼び集め、時代を築こうとしている人々の守護霊となるよう、命令を発するからだ。

先に、志の高い人にはそれなりの守護霊がつくと書いたが、とくに明治維新では己を捨て国家のために生きようとした志の高い若者たちが多数現れた。そして、若き生命を時代作りという大義のために散らせていったのである。まさに、我を捨て志に生きた若者たち……。こうした生きざまは守護霊たちが最も働きやすい状況だったはずだ。しかし、なんといってもこれらの中心になったお方は、希代の指導者、明治天皇である。その御製（御歌集）を拝察しても、慈愛にあふれ、高い境涯から詠んでおられ、読む者を感動させる。

いかにすばらしい真の意味の「天皇」であり、神のような方であったかがうかがわれる。私がなぜこんなことを言うのか。それは、国家主義、国粋主義者が称える明治天皇像を支持するのではない。明治天皇の国を想う至誠が天に届き、それが神霊波として広がったことを知っているからだ。だからこそ、国運があれほど盛り上がったのである。

六五〇人の大守護霊団がついていた西郷隆盛

薩摩藩の中心的人物だった西郷隆盛。あの堂々とした態度から、一体どんな守護霊を連想するだろうか。悲運の死を迎えた西郷隆盛には、なんと六五〇人の大守護霊軍団がついていた。その中でも中心的守護霊は、徳川家康、織田信長、豊臣秀吉の三人と楠木正成である。

前の三人は明治維新までは、戦国時代に世の中を治めるためとはいえ、数多くの人々を死に追いやった罰として、地獄界で苦しい修業をしていた身だった。

しかし、明治という新しい時代が生まれるにあたって、強烈なパワーを持つ戦国の武将のこの三人を地獄界から恩赦によって引き上げ、西郷隆盛の守護霊に神様が命じたのだ。厳密には、信長は江戸中期からときおり守護霊として活躍している。

ところで、西郷隆盛は四人もの強力な守護霊と大守護霊団に守られながらも、なぜ官軍の手によって非業の死を迎えなければならなかったのだろうか。その理由は、西郷隆盛の性格にあったようだ。大将の器《うつわ》になる人は、どこかネジが一本抜けているようなところがあるものだ。よくいえば「泰然自若」、悪くいうと「間の抜けたノンビリ屋」。

自ら死を決して不満分子をまとめ、義を貫いて国に迷惑をかけないよう、露と消えていこうとしたその死にざまはすばらしいと思う。

しかし、西郷どんの死は善し悪しは別として、時代を先取りする智謀と世知に、少し欠けていたためのようだ。彼が城山に兵を構えたとき、すでに時代は次なるヒーローを求めていたし、大守護霊軍団も彼のもとから離れようとしていたのだ。

幕末・明治維新に活躍した若者らと守護した主な神霊

役目が終われば消えていくヒーローたち

明治維新を演出した霊たち…②

本能寺の真っ赤な炎は七〇〇〇人ものウラミ

同じく非業の死を遂げたのが、坂本竜馬。彼には西郷隆盛のような大守護霊団こそついていなかったが、知恵と武勇の神様といわれている摩《ま》利支天《りしてん》が守護神となっていた。そして守護霊としては、織田信長に明智光秀、新田義貞らが導いていた。

そして、明治維新のときに守護霊として活躍した織田信長にも、守護霊として聖徳太子、楠木正成、比叡山の開祖・伝教《でんきょう》大師や、弘法大師がついていたのだ。これらが彼の天才をもたらしたのである。信長は一見すると抜けた雰囲気と残酷非情な雰囲気の両方を持った男だったが、本当の心は、「たとえ地獄に堕ちても、天下を平定する」というものだった。

そのためには無慈悲ともいえる殺りくを繰り返した。実をいうと、神霊界で見た信長は実にヒョウキンで面白い人物である。それがいつしか本物の性格となったところに、彼の悲劇がある。性格が変貌したのは四二歳のころからだった。冷酷な性格が表れた一例は、比叡山の焼き討ち。これは、当時の比叡山の姿が、伝教大師の願いとは遠くかけ離れたものになっていたため、大師が信長に命じたという一面もあるのだ。

ところで、信長にはなんと五〇〇〇人近い超巨大守護霊団がついていた。メインはもちろん先の四人だ。しかし、皮肉なことに守護霊団を上回る七〇〇〇人ほどの霊が、霊障として信長を殺そうと狙っていたのだ。

信長の最初の心は「天下平定のため、地獄へ堕ちてもかまわぬ」というものだったが、やがて天下が目の前にチラツキ始めると慢心してしまい、ついには大守護霊団からも見放されてしまったのだ。本能寺を真っ赤に包んだ炎に、七〇〇〇人ものウラミがこもっていたのを、果たして信長は知っていたのだろうか。

非情な霊界のルール

こうやって見てくると、歴史に名を残す人というのは、死に際がとてもドラマチックだ。歴史を動かした人々の死には、ひとつのテーマが隠されていることに気がつく。

それは、本人のその時代の使命が終わったら、よほど生きざまに注意しなければ、守護霊から見放されるという点だ。歴史的に大きな使命を背負って生きると、守護霊の守りも大きくなるかわりに、反対勢力も同時に強くなるのが神霊界の掟らしい。

これは、今、志を大きくして生きようと決心した人にも当てはまる。志が大きければ、それだけ妨害も大きくなると覚悟すべきだろう。その妨害は神が試練として与えている場合もあるし、自分が弱すぎたり悪と符合する面があったために、文字どおり悪霊たちが邪魔しに来ている場合もある。この試練を避けて通ることはできないのだ。

悪霊にやられないためには、心の持ち方としては善霊に愛されるよう、慢心せず、油断せず、いつも先を見通しながら前向きの方針を練っていくべきだろう。そして、神霊界への感謝を忘れないことだ。

過去の出来事は「神界ビデオ」に記録されている

本能寺の真っ赤な炎は七〇〇〇人ものウラミ

守護霊
聖徳太子、楠木正成、伝教大師、弘法大師

織田信長

冷酷な性格出現 → **比叡山の焼き討ち** → 天下が目の前にチラツキ慢心 → **本能寺の変**

非情な霊界のルールに勝つ
——悪霊にやられないために——

① **慢心しない** ⇒ ② **油断しない** ⇒ ③ **先々を見通しながら前向きの方針を練る** ⇒ ④ **神霊界への感謝を忘れない** ⇒ **善霊に愛される!!**

第二章 この先祖供養ではかえってマイナス

運・不運を演出するもう一人の自分

◎位牌は先祖霊の仮の宿

家庭の人間関係は先祖の霊の影響が

「おばあちゃんと母親の仲がものすごく悪い」「父親はいつも母親の尻に敷かれている」

こういった家庭は結構多い。お互いの性格がそうさせている場合もあるが、中には先祖の霊同士の仲が悪く、その影響が家庭の人間関係に表れることも多い。

まさかそんなことはあるまい、と思われる人もいるかもしれないが、そうなのである。死んでしまったご先祖様は肉体を持っていないという
だけで、心は霊体となった後でもそのままである。

「なんとなく嫁いびりがしたくなってしまう」「なんとなく夫に当たり散らしたい」

という〝なんとなく〟という部分が実は曲者（くせもの）で、そこに先祖霊が働いているといえるのだ。いや、働くというより、霊の心の波調を人間の側が知らないうちに感じとってしまうといったほうが正確かもしれない。

原因は仏壇の中でご先祖様の霊同士がしっくりいっていないからだ。というのも、狭い仏壇の中で、四六時中両家の霊が顔をつきあわせているので、イライラするのが当たり前。こういう場合は、位牌を別々の仏壇の中に入れて供養するとよい。

仏壇から不幸のタネを取り除いて家庭円満に

たとえば、ひとつの仏壇の中に父方と母方の先祖の位碑が同居している場合は、家庭の中にイザコザが起きやすい。ささいなことで父親が母親を叱ったり、おばあちゃんが母親をいじめたりする。また、逆に嫁が姑に対して陰険な仕打ちをしたりする。兄弟ゲンカも多く、家の中はいつもトゲトゲしい雰囲気に包まれてしまう。

しかも、血のつながりのない者同士なら、なおさら大変だ。同じ現象が狭い仏壇の中で起きていると考えればこれは神霊界のルール違反である。この世の未練やうらみが大きすぎると人の体につくが厳しく処罰される。死んだ霊の務めは、まず霊界で修業することが第一。とにかく、人に悪いことをすることは、神霊界では禁止されている。

狭い仏壇の中で起きていると考えればいい。父親方の位牌と母親方の位牌を別々の仏壇に移せば、ご先祖様もゆっくりできるというわけだ。離れた個別に住むのに似ている。これでひとつ個別につくって、プライバシーを守りつつ、一応は収まるはずだ。

位牌を地上への仮の宿とする霊

死んで肉体が滅びると、幽界という場所へ旅立つ。死後三〇年間、ここで訓練して人間界のさまざまな未練を断ち切ることになる。この期間の地上への仮の通い宿としての役割をはたすのが位牌だ。

死んだ人の霊は通常の場合は位牌についていると考えられている。なかには人の体につく霊もいるが、これは神霊界のルール違反である。この世の未練やうらみが大きすぎると人の体につくが厳しく処罰される。死んだ霊の務めは、まず霊界で修業することが第一。とにかく、人に悪いことをすることは、神霊界では禁止されている。

家庭円満のカギを握る仏壇

円満な家庭

個別のプライバシーが守られる

↓

家庭円満!!

不仲の家庭

- ささいなことで父親が母親を叱る
- おばあちゃんが母親をいじめる
- 嫁が姑に対して陰険な仕打ちをする
- 兄弟ゲンカが多い

明るく爽やかな場所に位牌を置くと先祖は喜ぶ

◎先祖霊の宿る場所は清潔に

霊はこざっぱりした明るいところを好む

われわれ人間が暗くてジメジメした場所に住みたいと思わないのと同様、位牌を仮の宿とする霊もこざっぱりとした明るいところを好むものである。子孫と共にいられるリビングがいちばん喜ばれる。

二週間も三週間も仏壇に閉じ込めっぱなし、掃除は二カ月に一度といううのでは、霊も喜ぶまい。ヘソ曲がりで、しかも子孫をうらんでいたりすれば、ゲンコツを見舞うことも十分考えられる。しかも「こんな位牌にはいられない」と霊がさっさと逃げ出すこともある。すると、空き家になった位牌に、ウロウロしていた〝宿なし浮遊霊〟がちゃっかり住みつく危険性もある。浮遊霊によい霊はない。「貧乏神」「疫病神」の使いともいうべき浮遊霊たちに位牌が占領されると、その家にはろくなことが起きない。だから、仏壇、位牌、神棚など、先祖霊の宿る場所はいつも清潔にしておく必要があるのだ。

また位牌の順列を乱していいことにもならない。母方の位牌が父方より上位にある場合など、母親の先祖が父親の先祖の上になるため、家庭の中は女性上位になってしまう。父親が母親の尻に敷かれたりするのは、これが原因であることも多い。

以上、いろいろと説明したが、大切なのは次のことである。

① 清潔
② 真心
③ 明るくて雰囲気のいい場所
④ 順列と規則（ひとつの仏壇、あるいは神棚などに、直系以外の多数の位牌を並べない）

位牌を置き、掛け軸を掛ける

先祖代々と記した位牌と、死後三〇年ぐらいまでの直系の人たちそれぞれの位牌を、墨塗りに金文字で書き、後者をやや小さめに製作してもらう。これが最も霊たちに喜ばれる。先祖代々すべての人が、それぞれの信仰で救われたい、浄土に行きたいと心から願って死に、浄土に行っているのなら、位牌がなくても、なんの問題もない。しかし、不信心だった先祖はどうなるのか。命日になれば仏壇にやってくる。ところが、仏壇に位牌がなければ、不信心だった先祖の霊は子孫の体にくっつくしかない。

これが問題なのである。宗門宗派の教理やしきたりもわからないではないが、霊界の実情からみれば、正式の位牌も置き、掛け軸も掛けるべきである、というのが私の持論だ。形よりも、先祖霊のための真の精神を受け継ぐことが大切と考えるからである。

また、神式については先祖を祀っている場所は清々しくて明るいが、ランクの低い霊界へ行った先祖の場合、神霊の光がまぶしくて近寄れないことも多い。そういう場合も、先祖霊は子孫の体にくっつくのである。こうしたことからも、神仏習合してオーソドックスな仏壇と位牌も置くべきである。日本の神霊は決してそれをおとがめになることはない。ただ、不信心だった先祖の霊は子孫の体にくっつくしかない。蛇や龍神などは大らかさがないので十分気をつけていただきたい。

先祖霊の位牌に関する重要事項

地上の仮の宿・位牌

暗くてジメジメした場所 ← 地上の仮の宿・位牌 → こざっぱりした明るい場所

暗くてジメジメした場所

不潔にする

⇓

霊が逃げ出し空き家に

⇓

宿なし浮遊霊が住みつく

⇓

不幸の家

- 病気
- 事故
- 火災
- 家庭不和

こざっぱりした明るい場所

清潔にする

⇓

真心をこめて供養する

⇓

先祖は喜ぶ

位牌に関する大切事項

1. 清潔
2. 真心
3. 明るくて雰囲気のいい場所
4. 順列と規則（多数の位牌を並べない）

ご先祖様の霊界修業を邪魔しない

◎霊に対する日常の作法

故人に対する未練は霊界修業を妨げる

霊界というのは、非常に多くの階級（霊層）に分かれ、それらが秩序正しく厳然と定められている。もちろん上層に行けば行くほど気持ちのいい世界、つまり天国に近くなる。

しかし、ランクを上げるためには修業を積む必要がある。とくに死後三〇年間は、この世のアカを洗い落とし、未練を断ち切ることが第一の修業となっている。

ところが、その修業を妨げるものがこの世の人々の心だ。この世の人が、すでに霊幽界で修業をしている霊に対して、「あなたが生きていたら」と心に思うと、それは念となって霊に届く。思いが強ければ強力な念となって、霊をこの世に引き戻そうとする。霊界では、少しでも現世のことを回想すると、たちまち霊は現世のどこかに帰ってしまう。霊界は意志と想念の世界であるからだ。

仏壇や神棚に手を合わせ、死んで間もないご先祖様を拝むときは、「未練を断ち切って、霊界で修業を積んでください。みんなのことは心配しないでください」と念じるべきだろう。そうすれば、霊も安心して未練を断ち切ることができる。いわば、成仏できるというわけである。

お盆と年回忌以外は、あまり過度に先祖を思い出すのはやめよう。曾祖父の写真なども大切に飾っておくのは禁物だ。アルバムにしまっておこう。子孫が夜尿症やぜん息であったり、脳出血などになるのも、こういう先祖霊が苦しみを訴える〝戒告〟である場合が少なからずある。

供え物をいつまでも置いてはいけない

朝、お供えしたものを夜まで仏壇に置いておくことはないだろうか。これはよくないのでやめたほうがいい。せいぜい三〇分くらいが限度。

われわれも食事の時間は三〇分前後が普通だ。位牌についている霊だって、食事時間は同じ。長い時間放っておくと、近所の雑霊がまるでゴキブリかネズミのようにコソコソと寄ってきて食べてしまう。

リンゴやミカンなどの果物も、「ご先祖様、どうぞ召し上がってください」という気持ちでなるべく皮をむいて供え、二〇分から三〇分たったら、雑霊に食べられないうちに人間の胃袋に収めてしまう。ご先祖様は食べ物の霊気を食べ、人間は物質を食べる、というわけである。

ところで、お地蔵様などにお供えしてある食べ物だが、大抵は供えっぱなしだ。当然、雑霊たちがそのあたりにウヨウヨしているので、妙なお願いでもしようものなら、ワッと一斉にとりつかれてしまう。古いお供え物が置いてあったら、きれいに片づけ、そのあと、持参したお供え物を置くようにする。もし、お祈りするのなら個人的な願いは避けて、「この道で事故が起きませんように」「町が栄えますように」と、みんなが幸せになるようなものにしたほうがよい。そうすれば雑霊などにとりつかれなくて済む。なお、この場合もお供え物は二〇～三〇分ぐらいたったら持ち帰るようにする。

霊界修業を邪魔しないために

意志と想念の世界＝霊界

気持ちいい世界・天国へ

↑

上の階層に昇っていこうとさらなる修業

↑

未練を断ち切る ⇒ **成仏**

↑

死後30年間修業

↑

この世のアカを落とし、未練を断ち切る修業開始

↑

死

霊界修業を邪魔しないための心得

1. **未練タラタラで故人を偲ばない**
（「どうして死んじゃったの！」は禁句）

2. **先祖の写真は飾らない**
（アルバムにしまっておく）

3. **供え物をいつまでも置いておかない**
（30分くらいが限度）

4. **果物は食べやすいように皮をむいて供える**
（「どうぞ召し上がってください」という気持ちで）

第二章

命日は霊の誕生日

◎霊が喜ぶ供養の方法

命日は修業を休み、お供え物にも舌鼓を打つ

「生前」という言葉がある。「生前」とは死ぬ前のことを指しているが、死ぬ前だったら「死前」ということになる。実はこの言葉は霊界から見た「死」を指している。肉体が滅んでも魂は生きている。肉体を脱ぎ去って四次元の世界へ新しく「生まれ変わる」とき、それが「霊界へ生まれ出る前」ということなのだ。

肉体が死んだ日を命日といい、ご馳走をお供えするが、霊界から見るとその日は誕生日。霊界の規則では一日だけ修業を休めることになっているから、霊は家に帰ってきてくつろぎ、お供え物のご馳走に舌鼓を打つ。われわれもそうだが、誕生パーティーには親しい友人を誘うのが常で、霊もそうだ。だから命日のお供え物はある程度豪華にし、故人の好物を中心にしたほうが霊は喜ぶ。ただし、祥月命日《しょうつき》をこのようにすることは霊界では許されてはいない。

その他、霊たちが「一時帰宅」を許されるのはお盆の四日間。この日も、ある程度ご馳走を用意しておいたほうがいい。とくに、霊界でも地獄に近い低い階級にいる霊は、毎日のお供え物を食べることも許されていない。いつもお腹をすかせながら修業し、命日とお盆の四日間を一日千秋の思いで待っている。だからせめてその日だけは、思う存分おいしいものを食べさせてあげるべきだ。

仏壇、位牌を設けず、命日にさえも先祖供養をしなかったために家運が傾くというのは、実はこのような霊が騒ぐことが原因となっている。

霊が喜べば家運は上向く

要約すれば、位牌についているご先祖様の霊が、安心して修業ができ、また悩み苦しんでいる霊には少しでも楽になってもらえるようにすることだ。かといって戒名と命日を何十年もさかのぼって探し、毎日お経をあげるのは考えもの。修業している霊に対し、現世に思いを戻そうとしているに等しいからである。

ご先祖様の霊を赤ちゃんに例えて考えると、その存在がよくわかるだろう。赤ちゃんはものも言わず、世話ばかりかかる存在だが、赤ちゃんが一人いるだけで家中に笑いがあふれ、皆の心が満たされるようになる。周りの人が注いだ愛情以上の〝お返し〟をしてくれるのである。

ご先祖様の霊を大事にするというのもまったく同じで、ご先祖様の霊が、守護霊の統率のもとに背後霊の構成員となって直接働き、幸運をもたらしてくれる。また、家族がご先祖を大切にしている様子を見て、守護霊や守護神といった霊的パワーの強い存在が、家族を守るようになるのだ。親類の間で不幸が続くなどという場合は、一度ご先祖様の霊をどう扱ってきたか考え直してみる必要があるだろう。案外、位牌の位置が違っていた、仏壇などが隅っこに追いやられていた、あるいは汚れていたという些細なことが原因だったということも多い。霊の気持ちを知って正しく供養することが、幸運をつかむ近道のひとつなのである。

霊たちの一時帰宅が許される命日とお盆

命日とは……

肉体が死んだ日
↓
霊の誕生日

家族の「幸運」をつかむ近道

先祖の霊を大切にする → 守護神、守護霊が霊的パワーを出す → 家族を守ってくれる → **「幸運」をつかむ**

位牌の位置が違っていた → 仏壇が隅っこに追いやられていた → 仏壇が汚れていた → **不幸が続く**

この呪文（パワーコール）で神霊界を動かす

◎神霊幸運パワーをもたらす〝約束言語〟

クワバラクワバラは昔のパワーコール

呪文といえば、「クワバラ、クワバラ」と「ナンマイダブツ」が思い浮かぶ。どちらも魔除《まよ》け的存在だが、もう古い。詳しい説明は省くが、「クワバラ」はもともと地名、「ナンマイダブツ」は南無阿弥陀仏がなまったもので、浄土宗の経文だ。どちらも庶民的で覚えやすい。

ところで、呪文とは一体なんなのか。どうして呪文を唱えると、悪霊たちが去ってしまうのか。呪文は神霊界のパワーを、自分たちに降り注がせることができる秘法なのだ。雲の間から一条の糸となって差し込む太陽の光にも似ている。周囲の人々は暗闇の中にうずもれているのに、呪文を唱えた人だけがピカピカと光が当たったように明るいのだ。

呪文のひとつひとつの音に深い意味があり、それが言霊《ことだま》（言葉も一種の霊波という考え）の波動となって、神霊幸運パワーをもたらすからだ。いうなれば、神仏を動かす〝約束言語〟と思ってもらってよい。

次にすべて神霊界から来ている本物の呪文を紹介したい。これを唱えれば、たちどころに神霊パワーに満たされる。いうなれば「神霊界お助け呪文」であるが、本書では「神霊界パワーコール」（略してパワーコール）ということにしよう。ただ、ここで注意すべきことがある。それはとても重要なことだが、呪文パワーを確信すると同時に、自分も精一杯努力することでパワーに頼りすぎてはいけないということだ。

なぜパワーが得られるのか

神霊的次元で宇宙を眺めると、地球を含む太陽系は霊的世界で、太陽系外の外宇宙の星々は、霊的存在よりもっと高い次元で生存している神霊世界となる。地球（人）を平社員に例えるなら、太陽系惑星の霊たちは係長、課長クラス。外宇宙の神々はさしずめ部長、重役クラス。トップの社長は大宇宙的存在で、その中心となっているのが主神《すしん》である。

私たちの普通の願いや祈りは、人間（肉体つき）→霊→神々の順に聞き届けられる。ところがパワーコールは社長、重役へ直訴することになる。これは強力だ。しかしよく考えてみると、平社員の悩みに部長や重役が直接手を下すだろうか。平社員の悩みを知った重役は、社員直属の上司の課長か係長を呼んで、「A君が悩んでいて助けを求めているようだから、悩みを聞いてやってくれ」と指示を出す。命令を受けた課長は、悩みの淵で苦しんでいる平社員を救い上げるというわけだ。その際、課長は重役から平社員へと託されたプレゼント券を、「これは重役からだ」と言って手渡すことになる。

パワーコールを唱えるだけで、これだけのサービスを受けられるというのは、夢のようなことだ。金で買えない幸運が、パワーコールによって自分のものになる。運勢も爆発的に跳ね上がって、一〇〇倍ぐらいになるのは間違いないだろう。まさに、驚異のパワーコール。これで人生は明るくなり、幸せは数十倍になる。

驚異のパワーコールで幸せ数十倍

驚異のパワーコール…①

「センテン ナム フルホビル」唱えると〝善霊〟が集まる

霊的世界を一大転換できるパワーコール

「驚異のパワーコールの一番バッターとして登場するのは**「センテン　ナム　フルホビル」**。このパワーコールで、本人の霊的世界を一大転換させることができるのだ。

　この「センテン　ナム　フルホビル」は確信呪文といって、確信することからすべてが始まる。半信半疑でパワーコールしても効果はない。しかし、確信すれば次のような霊的効果を得ることが可能である。

　第一に、守護霊を中心に善霊や幸運の〝気〟が大集合し、大きく守護される。第二に、自分自身と守護霊が合体し、霊感が鋭く研ぎ澄まされてくる。このふたつの霊的効果によって、災いは去り、幸運が舞い込む。同時に生き方は前向きとなり、心身ともに元気ハツラツ、クヨクヨしない自分になれる。動物、植物の精霊もなびかせることができるのである。

二八ソバの原理とはなにか

二八《にはち》ソバというのがある。ソバ粉八に対して、つなぎが二。なぜ急にソバの話を持ち出したかというと、八と二の分量は、確信とパワーコールの関係によく似ているからだ。つまり、確信することが八で、残りの二がパワーコールに託して神様に心をゆだねること。これで神界からのパワーを全身に浴びることができる。これを「二八ソバの原理」という。

　パワーコールを暗記して唱えても、口先だけでは天まで届かない。真心を込め、「必ずやれる」と確信すれば、それがエネルギーとなって天に達するのだ。パワーコールが神霊界あての手紙だとすれば、真心と確信は切手。切手が貼られていない手紙は相手に届かないのと同じだ。

　切手をちゃんと貼ると、その瞬間、配達屋さんが神霊界へ届けてくれる。神霊界では、手紙の内容が私利私欲に偏りすぎていないか、誰かを不幸に陥れるものではないかなどを慎重に吟味し、世のため人のためになるようであれば、すぐさま返事を霊界経由で本人へ伝える、というわけだ。

大木のような人間に成長しよう

　同じ樹木でも、鉢の中の植木と大地に根を張る大木の種類があるように、人間も「植物人間」と「大木人間」に分けることができる。大きな志と強い意志は根、行動は幹や枝で、結果は「実」として表れる。「実り多い人生」を送るためには、それに伴う根や幹を持たなければならない。

「守護霊さん、いつも守ってくれてありがとうございます。自分が強く、賢く、たくましくなることで、皆を幸せにできるようお導きください」

　小さいころからこういう発想をしていると、非常に運の強い人間になれる。パワーコールで霊的な基盤をキッチリつくり、その基盤の上で大輪の花を咲かせることが可能だ。いや、可能というより、必ずそうなる。「自分は大木人間になるんだ」と確信しながら「センテン　ナム　フルホビル」と唱えればいいのだ。

パワーコールに真心、確信は不可欠

神霊界パワーが降り注ぐプロセス

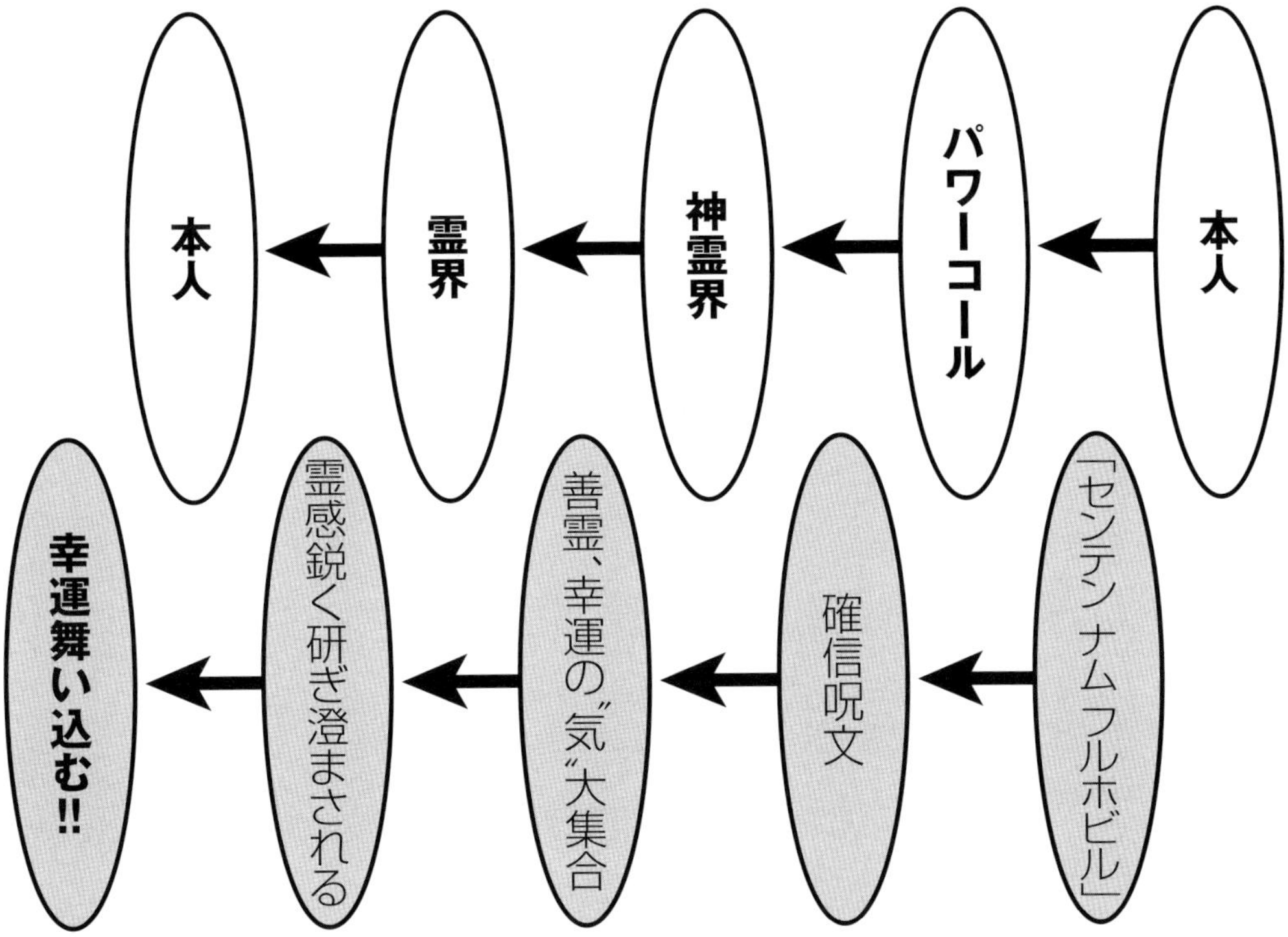

パワーは確信の度合に比例する

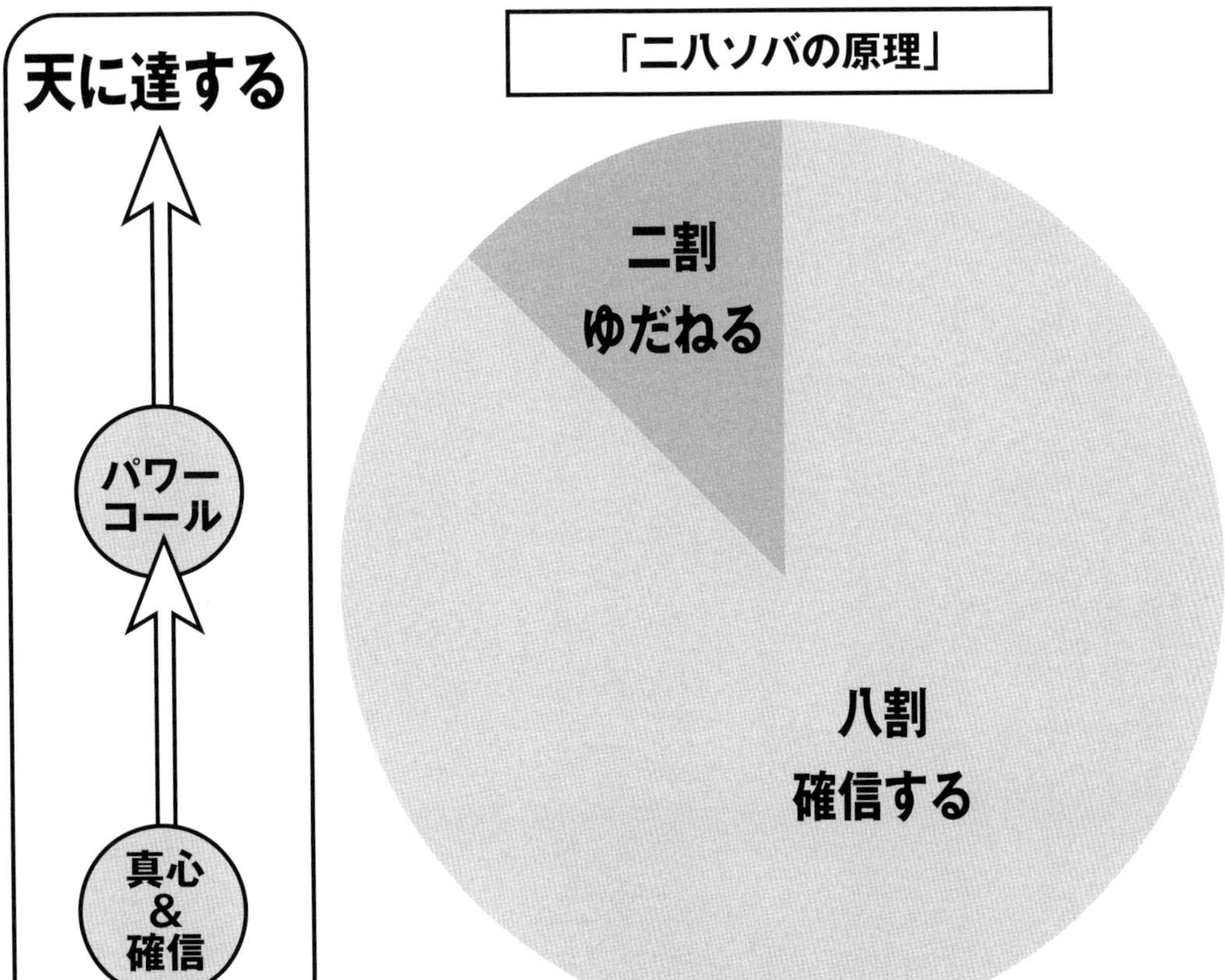

第三章

意外！ いじめの原因も霊のいたずら

◎いじめられっ子の本当の敵とは

「イジメ霊」が子どもたちの心をコントロール

　パワーコールのもっと身近な効果として、小中学生ならいじめっ子から自分をガードできることが挙げられる。その方法を述べる前に、いじめには次のような原因が考えられる。

①家を代々うらんでいる霊のたたり
②お父さんや兄弟をねたんでいる水子の霊
③学校などに住みついてイタズラをする子ダヌキ、子ギツネの霊
④バイオレンス劇画やテレビの見すぎで、潜在意識の中で「一度やってみたい」と思い始めたいじめっ子自身の霊

　みんなからいじめられる子は、どことなく表情が暗い。うらみやねたみの霊がベタッとひっついているので、友だちは「こいつ、いやなやつだな」と感じてしまう。本人が明るくふるまってみても、霊が暗い雰囲気をつくり出し、相手に「こいつをいじめろ！」と働きかけるわけだ。

　いじめっ子のほうも、たいてい無意識のうちに悪霊に支配されている。「なぜかムシが好かない」「自分でも気づかないうちに、いじめている」といった具合だ。

　しかし、どんないじめっ子にも良心はある。他人をなぐったり、けったり、罵倒するのは良心が痛む。心の深奥では〝いじめたくない〟と思っているはずなのに、いじめてしまうのは悪霊がそうさせているのだ。

　「イジメ霊」が子どもたちの心をコントロールしているといっていい。いじめっ子、いじめられっ子の本当の敵は、この「イジメ霊」なのだ。

徒党を組む「イジメ霊」

　いじめをそそのかす霊は、たいてい力が弱い。一匹（あるいは一霊）ではなにもできないことが多い。にもかかわらず、人の心の中に住みついて影響を与えるのは、霊が集団となってパワーアップし、「悪霊いじめ軍団」を形成しているからだ。

　とくに学校には「学校子ダヌキ」や「学校子ギツネ」軍団がたくさんいて、これがさらに大きな集団をつくり、弱い者いじめをする。

　霊を巨大化させてしまうのは、人間の側がそうさせているためである。つまり、心の中（想念ともいう）で、「やられるかもしれない」とか「今日はあいつをいじめてやろう」と思い続けているからだ。

　「こわい、こわい」と不安がっていると、イジメ霊がそれを見て、「こいつは俺たちを恐れているぞ。もっといじめてやろう」ということになってしまう。「こわい」と思う想念がイジメ霊を大きく成長させることになる。

　一方、いじめる側は「今日はあいつの弁当を食べてしまおう」とか、「鉛筆の芯を全部折ってやろう」などと計画を立て、頭の中で自分がいじめている様子を思い浮かべる。この想念がイジメ霊を呼び集める。

　こうした両者の想念が強くなればなるほど、悪霊は大きく成長していく。結局のところ、いじめの被害者も加害者も、悪霊にいじめられている点ではまったく同じなのだ。

いじめの本当の敵は「イジメ霊」

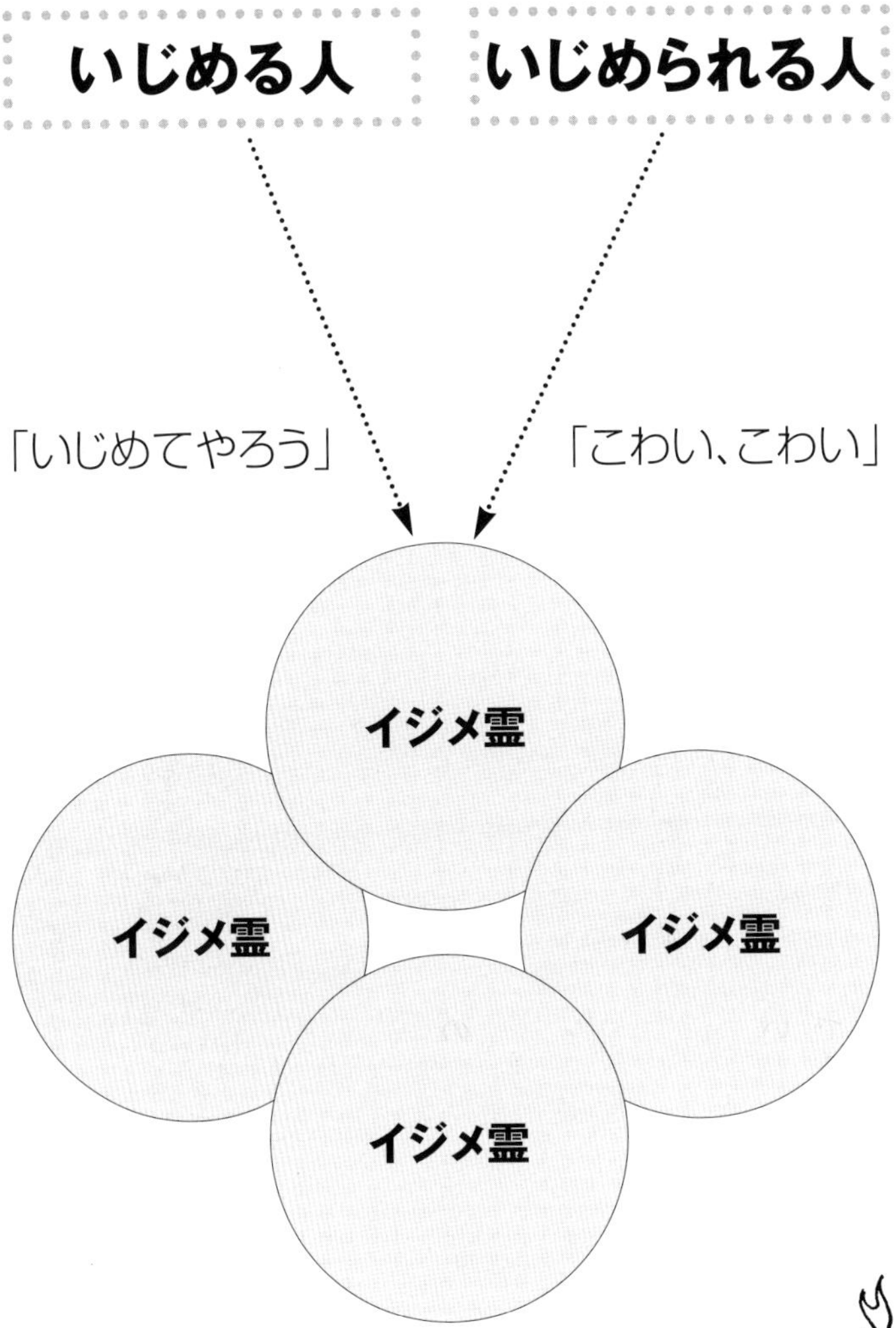

いじめの原因四つ

①家を代々うらんでいる霊のたたり
②お父さんや兄弟をねたんでいる水子の霊
③学校などに住みついてイタズラをする子ダヌキ、子ギツネの霊
④劇画やテレビの影響を受けたいじめっ子自身の霊

第三章

「イジメ霊」はこうやって追い払う

◎イジメ霊が逃げ出す三要素

「イジメ霊」から身を守る

「イジメ霊」から身を守るためには、次の三つのことを実行すればよい。

①自信を持つ：勉強やスポーツ、遊び、なんでもよいからこれがいちばん得意、というものを身につける。

②体力をつける：背が低いとか足が短いというのは先天的なもので仕方がない。だから丈夫な体をつくる。とくに胃腸を丈夫にして、なんでもよく食べるようにすると自分の霊が強くなり、背後霊も強化される。病弱はよくない。

③意志、気力を強くする：物事を途中で投げ出したりせず、やると決めたら最後までやり通す。周囲の人全部があきらめても、自分は最後まであきらめないぞ、という意志の強さを持つと、自分のオーラが強くまぶしくなり、悪霊を寄せつけなくなる。

以上の三つを身につければ、イジメ霊は寄りつかなくなる。もちろん、大前提として「センテン　ナム　フルホビル」のパワーコールを唱えることはいうまでもない。

胃腸の弱い人は悪霊に狙われやすい

どうしてこの三つの要素でイジメ霊がシッポを巻いて逃げ出すのか。霊界から見た様子を説明しよう。

まず①について。イジメ霊は先にも説明したとおり、一霊だけでは力が弱い。弱い霊は力の強い者に対してペコペコ頭を下げる性質がある。集団になると少しはいばるようになるが、性質そのものは変わらない。「勉強はダメでもスポーツなら誰にも負けないぞ」と自分に自信を持っていると、それが強力なオーラとなり、さらに守護霊も加勢して巨大化するため、「ヒャー、降参、降参」と言いながら悪霊は頭を下げる。

次の②について。よく金縛りにあったり、悪夢にうなされる人は胃腸の弱い人が多い。これを「虚弱霊媒体質」というが、悪霊に狙われやすい。だから、なんでもよく食べて、健康な体をつくるようにする。食べ物にも霊気がこもっているので、「霊気の栄養で元気になるぞ」と想念を込めて食べれば、胃腸を棲み家としていた悪霊が追い出され、ホルモンの分泌もよくなり、普通に食べたときの一〇倍も胃腸を丈夫にすることができる。また、体力が強くなれば勉強やスポーツなど、なんでも積極的に取り組めるようになる。「健全な精神は健全な肉体に宿る」といわれるが、この場合は「健全な霊は健全な体に宿る」である。実際、健全な体のオーラや霊気は大きくて強いため、悪霊を寄せつけない。

最後の③について。「頑張るゾ、負けないゾ」といつも思っていると念の力が強くなる。いわゆる「念力」である。悪い念力を持つと悪霊が寄ってくるが、よい念力、つまり「イジメ霊なんかに負けないぞ」「守護霊さんがいつも守ってくれているから絶対大丈夫」と思っていると、悪霊はどこかへ消え失せる。強くてよい念力には善霊が結集するため、悪霊も抵抗しきれない。

以上、説明してきた方法でやれば、イジメ霊を撃退することができる。

「イジメ霊」を撃退する三つの法

① 自信を持つ
→ 勉強、スポーツ、遊び……。得意なものを身につける
→ 自分に自信をつける
→ 自信が強力なオーラに
→ **「イジメ霊」が頭を下げる**

② 体力をつける
→ なんでもよく食べて健康な体をつくる
→ なんでも積極的に取り組める
→ 健全な霊は健全な体に宿る
→ **「イジメ霊」を寄せつけない**

③ 意志、気力を強くする
→ 「頑張るゾ、負けないゾ」といつも念じる
→ 「念力」が強くなる
→ 強くてよい念力には善霊が結集する
→ **悪霊が抵抗しきれない**

第二章 守護霊軍団をもっと活用する法

このひと言を信じて運は大きく開ける

◎合体パワーの図を描く

★ 静かな部屋でパワーコールを唱える

このパワーコールのもっと効果的な活用方法をここで説明しよう。

「センテン ナム フルホビル」

六三のページのイラストがいっぱい集まって、それがひとつの大きな顔になっている。このイラストをじっと見ていると、心の奥底からパワーが湧き出してくるのを感じていただけると思う。実は、「センテン ナム フルホビル」のパワーコールを唱えると、守護霊軍団はこのようなスタイルになるのだ。

静かな部屋で心を落ち着けてパワーコールを唱える。そして、頭の中に浮かんだ守護霊軍団の様子を、自分なりにノートや画用紙に描いてみよう。顔はピカピカ光っていて、みんな力強くニコニコ笑っている。なんて力強く考える必要はない。あくまでもイメージを形にする気持ちで描けばいい。

また、自分に欠点があると思った場合は、その欠点がなくなるよう念を込める。たとえば、ねばり強さに欠けると思ったら、「自分には、誰にも負けないねばり強さがあるんだ」と唱えよう。あるいは、友だちから「弱虫」「臆病者」と言われていたら、「自分は弱虫なんかじゃない。臆病者でもない。この心の中に勇気があるんだ」と声を出して唱え、確信するようにする。合体パワー・パワーコールによってそう見える場所に貼る。そして、パワーコールを唱えるときは、必ずこのイラストを見ながら「自分には、この合体パワーが宿っている。誰にも負けないぞ」と念を込めるようにする。

こうなれば、本当にパワーがみなぎってくる。守護霊軍団が与えてくれるものだ。

★ 大切なのは確信する力

さて、できあがった「強力守護霊軍団・合体パワーの図」を、いつも見える場所に貼る。そして、パワーコールを唱えるときは、必ずこのイラストを見ながら「自分には、この合体パワーが宿っている。誰にも負けないぞ」と念を込めるようにする。

こうなれば、本当にパワーがみなぎってくる。守護霊軍団が与えてくれるものだ。

「自分には勇気がある。守護霊さんたちが守っている」とノートに書き、口に出し、強い自分自身の姿を想像し続ける。確信は一層深くなる。

「守護霊軍団はいつもわれわれのそばにいる」そう確信することが、神霊パワーを自分のものにする「守護霊軍団・活用秘法」である。

この秘法を実践していると、体の芯からパワーがみなぎってくる。だが、注意しなければならないのは、神霊界や守護霊への感謝を忘れたり、この秘法を友だちに自慢気にしゃべりまくることだ。そうすると悪霊天狗がつき、ピタッとパワーがストップしてしまう。パワーがストップすると、急に自信がなくなり、なにをやっても失敗するんじゃないか、などと思い始める。

霊界から見ると、守護霊軍団がバラバラになり、合体パワーも消えてしまっている。

守護霊軍団を活用する秘法とは?

強力守護霊軍団
・合体パワーの図

守護霊軍団・活用秘法

「センテン ナム フルホビル」パワーコールを唱える
↓
頭の中に浮かんだ守護霊軍団を描く
↓
描いた「合体パワーの図」をいつも見える場所に貼る
↓
図を見ながらパワーコールを唱える
↓
「誰にも負けないゾ」と念を込める
↓
「守護霊軍団はいつもそばにいる」と確信する
↓
Get!! 神霊界パワー

驚異のパワーコール…②
「ノーマクサマンダ バザラダンカン」不動明王を呼ぶ呪文!!

パワーコールと確信で悪霊から身を守る

その一方で、今度は悪霊たちが軍団を形成し、勢力をどんどん拡大することになる。守護霊軍団は遠ざかり、悪霊軍団が急接近、非常事態の様相を呈しはじめる。まさに、ブラックホールに吸い込まれるロケットそのものだ。

しかし、悪霊軍団のブラックホールから脱出できる方法がある。それは「最後は必ず守護霊軍団が勝つ」という確信と反省。パワーがストップする原因を深く考え、反省すべき点があれば素直に認める。すると再び神霊界からパワーが降ってきて、強力な守護霊軍団が結成される。ちなみにパワーストップの最も多い原因は「我と慢心」と「怠惰」である。

今の世の中を神霊界から眺めると、邪霊、悪霊などが横行している。とくに目上の人を敬うことが忘れ去られ、学校や社会、家庭で道徳教育も行われていない。だから、子どもたちは誰をどう敬っていいのかわからず、自分の思うがままに行動している。大人が「自分さえよければ、他人はどうなってもいい」などという自分勝手な想念を持つので、それが霊界にも反映してしまったのだ。しかし守護霊は昔の人が多いので、昔型の礼節で挨拶したり尊敬の思いを向けると、喜んで味方をしてくれる。

悪霊が嫌うのは、先に挙げたとおり自信と体力と正しい念力だ。この力を正しい方向で強化し、パワーコールを唱えれば、守護霊軍団が悪霊軍団の攻撃から守ってくれるのだ。

不動明王が象徴するパワー

大抵のイジメ霊は「センテンナム フルホビル」の守護霊合体パワーで逃げ出すが、中にはものすごい強烈パワーを持つイジメ霊の軍団もある。そういう場合は、不動明王《ふどうみょうおう》にご登場願うのがよい。

驚異のパワーコールの二番バッターは、不動明王様を呼ぶSOS信号だ。「ノーマクサーマンダ バーザラダンセンダ マカロシャーダ ソワタヤ ウンタラ タカンマン」長〜いパワーコールだが、短く言う方法もある。**「ノーマクサマンダ バザラダンカン」**なら覚えやすい。

不動明王様は、仏教の中に出てくる守護神の一人。大日如来《だいにちにょらい》の化身といわれているが、本当は地球の祖神・国常立之尊《くにとこたちのみこと》の化身なのである。不動というのは「悪を許さぬ不動の信念」をあらわし、悪霊などを押さえつける強い力を持っているので、守護霊合体パワーは三倍強化される。

この不動明王パワーをより確実なものにするためには、イメージイラストを描き、これを見ながらパワーコールするとよい。中央に不動の信念をあらわす不動明王様、それを囲むように守護霊軍団の顔を描く（全体が顔の形になるように）。ポイントは、守護霊の顔を自分の両親、祖父母に似せて描くことだ。そうすると、本物の守護霊の顔に近くなる。この場合も重要なのは強く確信すること。「絶対、大丈夫」と自分に言い聞かせながら、超ド級の不動明王パワーコールを自分のものとしよう。

悪霊軍団を撃退する法

悪霊が襲ってくる場合

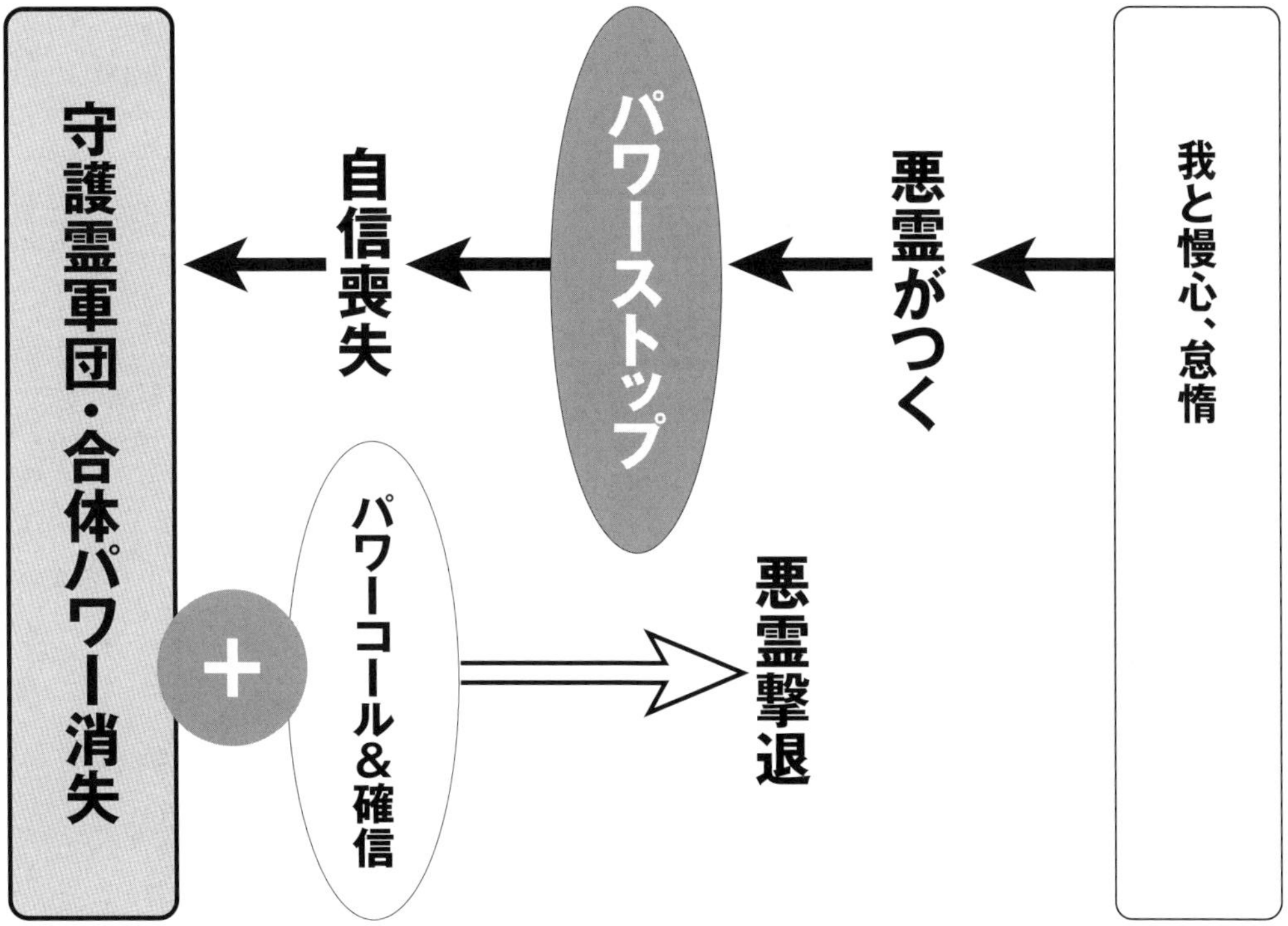

頼もしい守護神・不動明王

合体パワーは三倍強化される

驚異のパワーコール…③
「ウンテン トーボー エータート」災い転じて福となすパワーコール

北極星に祈る効果

パワーコールの三番バッターは**「ウンテン　トーボー　エータート」**。これは、直接北極星の神様まで届くパワーコールで、返事もダイレクトに唱えた人のところへ来る。

北極星にはタイロス（太乙《たいおつ》老人）という神様がおられ、全宇宙の叡知がこの神様の頭の中に詰まっている。同時に、先天の命運もすべて司っている。だから、交通安全祈願、学業向上、事業拡張まですべてＯＫだ。

タイロス神は顕現化神霊界の最高責任者で、守護霊はもとより、他の星の神々を掌握する立場にある。したがって、タイロス神に不可能なことはなにもない。まさに、スーパー・ゴッドの名にふさわしい。このお方こそ、中国で昔から崇拝されてきた「天帝」様なのである。

昔から北極星は、天空の一点に留まり輝いていた。旅人は、北極星がどの方向に輝いているかを絶えず確認しながら旅を続けたし、古代の巨大な建造物も、北極星の位置が基準となって建てられた。四季折々に見られる星座も、北極星を中心に回転する。まるで、私たち人間を見守り続ける永遠の星のようでもある。昼間は太陽の光が強すぎて見えないが、真北には必ずこの北極星があるのだ。

北極星を見つけたら、「ウンテン　トーボー　エータート」とパワーコールを送ろう。具体的な願い事がなければ感謝の念を込めればいい。どんなおまじないよりも、「無病息災、家内安全」の効き目があるだろう。

サンタクロースは〝北極神〟のこと

クリスマスの夜にやってくるサンタクロースは、北極星のタイロス神をモチーフに考え出されたものだ。もちろん、タイロス神といっても、〝分霊〟がやってくるのであって、本霊は五〇年に一度しか来られない。

そもそも、サンタクロースの一般的な解釈は、昔、キリスト教の聖者が貧しい子どもたちにプレゼントをしたのが始まりとされているが、実際に、白いヒゲのタイロス神は地球にやってくる。神話やおとぎ話をまったくの作り話と考えている人がいるが、大抵は、霊感の鋭い人が実際に見て、それを人に伝え、または無意識のうちに創作しているのだ。

サンタクロースは靴下にプレゼントを詰めてくれる。タイロス神もちゃんとプレゼントを入れてくれる。ただし、残念ながらそれはオモチャや甘いお菓子ではない。

「人生の方向性と足元をしっかり固めて、自信を持って歩きなさい」というタイロス神の願いが、プレゼントとして入っているのだ。

「神霊界が自分に願っていることがよくわかりました。願いをかなえられるような人間になりますから、力を与えてください。ウンテン　トーボー　エータート」と唱えれば、タイロス神は大喜びし、「そうか。それでは運勢を一〇〇倍パワーアップしてやろう」ということになる。

なお、北極星に向けて祈るのは、毎月十五日ごろ（正式には旧暦の月初め）がいい。より一層願いが届く。

北極星に祈る

北極星に祈る効果

嫌な予感がするとき
夢見が悪かったとき
落ち込んだとき

↓

「ウンテン トーボー エータート」

↓

事業拡張
学業向上
交通安全

すべてOK!!

タイロス神がやってくる

タイロス神のプレゼントは……

↓

「人生の方向性と足元をしっかり固めて、自信を持って歩きなさい」
という願い

第三章

パワーコールで神霊界と仲よくなろう

◎神々が訪れる目的をつくる

神々に自分の生きる姿勢を示す

高次元神霊界が存在する外宇宙は、気が遠くなるほどの距離にある。何千光年、何万光年というのもザラ、島宇宙の外にある銀河、アンドロメダ星雲などはなんと数百万光年以上のかなたに存在している。

三次元的な発想では、距離はそのまま時間の長さになるので、肉体を持ったまま人間が旅することは不可能に近い広さになる。ところが、四次元、五次元、さらに進んで六、七次元になると、時空の大きさには関係なく、好きなとき、好きな場所へ行くことができる。

タイロス神や他の神々は高次元で生活しているので、住所が北極星であろうが、アンドロメダ星雲であろうが、地球へ来たいときにはいつでも来られるようになっている。しかし、用もないのに夢遊病者のようにフラフラ来ることはない。なにかしっかりとした目的があれば、すぐに来てくれる。

ということは、こちらでなにか用事をつくってしまえば、必然的に用事のある場所へ現れることになる。パワーコールで「来てください」と、唱えるのも方法だが、これはあくまでも「お願いします」とこちらが頭を下げる立場でしかない。

心の持ち方次第で神々と友だちになれる

「彼のところへ行ってみたいな。何やってるんだろう」と神霊に思い込ませるには、先程も言ったように、神霊界の願いを先取りしてそれを実践することなのだ。これがいちばん効果がある。

とにかく、自分の生きる姿勢、目標をピシッと立て、神霊が思わず身を乗り出してしまうような生き方をすることだ。そして、世のため人のために尽くそうと志を持てば、神霊界、霊界がこぞってその人間を応援するようになる。これが神霊世界の法則なのだ。

「星はなんでも知っている」という言葉があるが、文字どおりタイロス神はすべてご存じである。過去も未来も、そしてわれわれ人間の心までも。だから、真剣に祈れば、必ず真心は通じ、願いは聞き届けられるだろう。

少々、堅苦しい話になったが、神霊界がどのように動くのか、そのプロセスと法則を知ると、パワーコールも一層確信できるようになるものだ。

本当は、タイロス神をはじめ神々は、地球の人たちと仲よくしたいと思っているのだが、地球人が私利私欲に走り、心を閉ざしているので、神々の声が聞こえなくなってしまっている。

要は心の持ち方次第で、神々と友だちになれるのだ。そうすれば、運勢は大向上する。

北極星に祈る効果

世のため、人のために尽くす高い志を持つ

パワーコールでお願いする

神霊界

（人間のためにこぞって応援）

神々と友だちになる

運勢大向上!!

驚異のパワーコール…④
「ホンボラ ソモビル フルフルフル」金縛りにも効く北極星パワー

パワーコール四番手は金縛りに絶大の効果

北極星から来たもうひとつのパワーコールを紹介しよう。パワーコール四番手は**「ホンボラ　ソモビル　フルフルフル」**。金縛りに絶大な効果を示す。

やり方はすごく簡単。「ホンボラ　ソモビル　フルフルフル」を連続して唱える。三六回ほど唱えればいいのだが、あまり数にこだわる必要はない。天空にキラキラと輝く北極星とタイロス神をイメージして、パワーコールすればよい。

神霊的にこの様子を眺めると、口から出た言葉（言霊《ことだま》という）が悪霊をはらう神秘なウズとなって広がり、守護霊が合体して、体にまとわりついている小悪魔どもを蹴散らしているのがわかる。

「オイ、そこの小悪魔。こんなところでウロウロするんじゃない。安眠妨害をすると承知しないぞ」と守護霊軍団。「すみません。今回はどうぞご勘弁を」と小悪魔たち。

こうして金縛りで人を苦しめていた小悪魔軍団は、恐れをなして逃げていく。パワーコールして、早い人だとものの数秒で金縛りが解ける。ただし、このパワーコールも他と同様、確信して唱えないと効果がない。

したがって、この「ホンボラ　ソモビル　フルフルフル」のパワーコールを唱える場合は、念力を強くして「必ず悪霊たちは出ていく」と自分自身の心に言い聞かせる必要がある。中途半端な気持ちでやると、ひどい目に遭う危険が生じるからだ。

『北斗の拳』『スター・ウォーズ』は北極星パワーを暗示

悪をくじき、愛と正義に生きるマンガ『北斗の拳』の主人公ケンシロウ。ケンシロウのパワーは北極星パワーを象徴したものなのだ。

ケンシロウ、悪玉とも「俺が最も強い」と確信しているが、ケンシロウは愛と正義のためにその強さを利用しようとするのに対し、悪玉は私利私欲のために力を使おうとしている。確信する力と肉体的力が同じでも、勝利はケンシロウのものとなる。その理由は、北極星パワーがケンシロウに味方するからだ。

「ホンボラ　ソモビル　フルフルフル」と心の中で（もちろん口に出すのがベスト）パワーコールし、「必ず勝つんだ。悪魔の誘惑になんか負けないゾ！」と確信して、自分でも闘う心構えを持てば、本当にケンシロウのようになれるのだ。

『スター・ウォーズ』シリーズでも、北極星パワーは大活躍した。主人公のルークが悪の化身ダースベーダーと闘うために身につけた〝フォース〟は、なんと念力だった。「ルークよ、フォースを確信せよ」とケノービ老人は言うが、可能性を信じれば、人間の能力は向上するのだ。

タイロス神も、地球のみんなに向かってケノービ老人のように叫んでいる。「北極星パワーを確信せよ。神界と霊界のパワーを信じよ」と。

パワーコールを唱え、確信して念力を強くする。そして、精一杯努力しながら毎日を生活すれば、運勢も爆発的に向上するだろう。

悪霊をはらう北極星パワーで幸運を呼び込む

「金しばり霊」を追い出す法

1. **パワーコールする**
「ホンボラ　ソモビル　フルフルフル」
↓
2. **守護霊団が小悪魔をけちらす**
「そこの小悪魔、安眠を妨害すると承知しないゾ」
↓
3. **小悪魔軍団逃げ出す**
「すみません。どうぞご勘弁を」

＋
4. **確信を持って念力を強くする**
「必ず悪霊は出ていく」
↓
成功!!

『北斗の拳』の場合

主人公**ケンシロウ** → 愛と正義のために力を利用 → **北極星パワー**＋**勝利**

悪玉 → 私利私欲のために力を利用 → **敗北**

『スター・ウォーズ』の場合

主人公**ルーク** ← **ケノービ老人**
「ルークよ、フォースを確信せよ」

驚異のパワーコール⑤

「ハルチ　ウムチ　ツヅチ」能力を全開するテクニック

体操の具志堅選手を支えたパワーコール

「パワーコールの第五弾は、自分自身の霊をふるいたたせるこれだ。

「ハルチ　ウムチ　ツヅチ」

どこかで聞いたことがあるようなパワーコールだな、と思っておられる読者も多いことだろう。

実は、一九八四年のロサンゼルス・オリンピックの体操で金メダルを取った、具志堅幸司選手が試合前に唱えていたパワーコールなのだ。具志堅選手はテレビのインタビューで、このように答えておられた。

「ハルチ、ウムチ、ツヅチ。これを唱えて、自分は絶対できるんだ、練習してきたすべてのことを、完璧にやれるんだ、と信じるようにしたのです。実際、自分が信じたとおり、演技することができました」

具志堅選手は、このパワーコールを恩師から教えられたそうだ。すると、恩師はどこでこれを知ったのだろうか？　という疑問がわくかもしれないが、実は、「ハルチ　ウムチ　ツヅチ」を記した文献がある。あの『古事記』に明記されているのだ。

古事記というのは、日本で最も古い歴史書。神話や伝説などが漢文で三巻にわたって記されており、今からおよそ一四〇〇年ほど前の文献とされている。昔の人は実際にこれをパワーコールしていたのだ。

具志堅選手は、「必ず成功する。信じたとおりの演技ができる」と確信を深め、〝すでに成功したのだ〟と自分に言い聞かせたのだ。

金メダルが取れたのは、もちろん具志堅選手が人の倍以上も練習し、またそれだけの素質もあったのだろうが、試合直前のパワーコールも、大きな力になったことは間違いない。

パワーコール「ハルチ」の「チ」は血

日本には昔から「言霊《ことだま》学」といわれるものがある。平たくいえば言葉ひとつひとつに神様が宿り、それぞれに深い意味が込められているとされるもので、もちろん、このパワーコールの言葉にも神の意志があり、だからこそ、言葉に出して唱えると効果があらわれるのだ。

では、「ハルチ　ウムチ　ツヅチ」に秘められた神様の意志とはなにか。それを言霊学の立場から探ってみることにしよう。

神霊世界から見ると、人間の体の中に流れる血液は、霊が物質化したものである。その人の霊的な性質はすべて、血液に凝縮されて存在していると考えてもいい。血液が汚れてくると病気になるが、これは本人の霊的パワーが劣化してしまい、悪霊にとりつかれてしまったから、とみることができる。また、その逆も言える。輸血をたくさんすると、性格がガラリと変わってしまうことがあるが、これは、他人の霊が血液と一緒に体の中に入り込んだ例だろう。

血液は「血」、つまり「チ」である。「ハルチ　ウムチ　ツヅチ」のチは、この血を示している。血は説明したように、本人の霊を指す。

このパワーコールは、血に関係したなにかの力を持ったものと推察できるだろう。実はそのとおりなのだ。

能力を全開させるパワーコール

「ハルチ　ウムチ　ツヅチ」

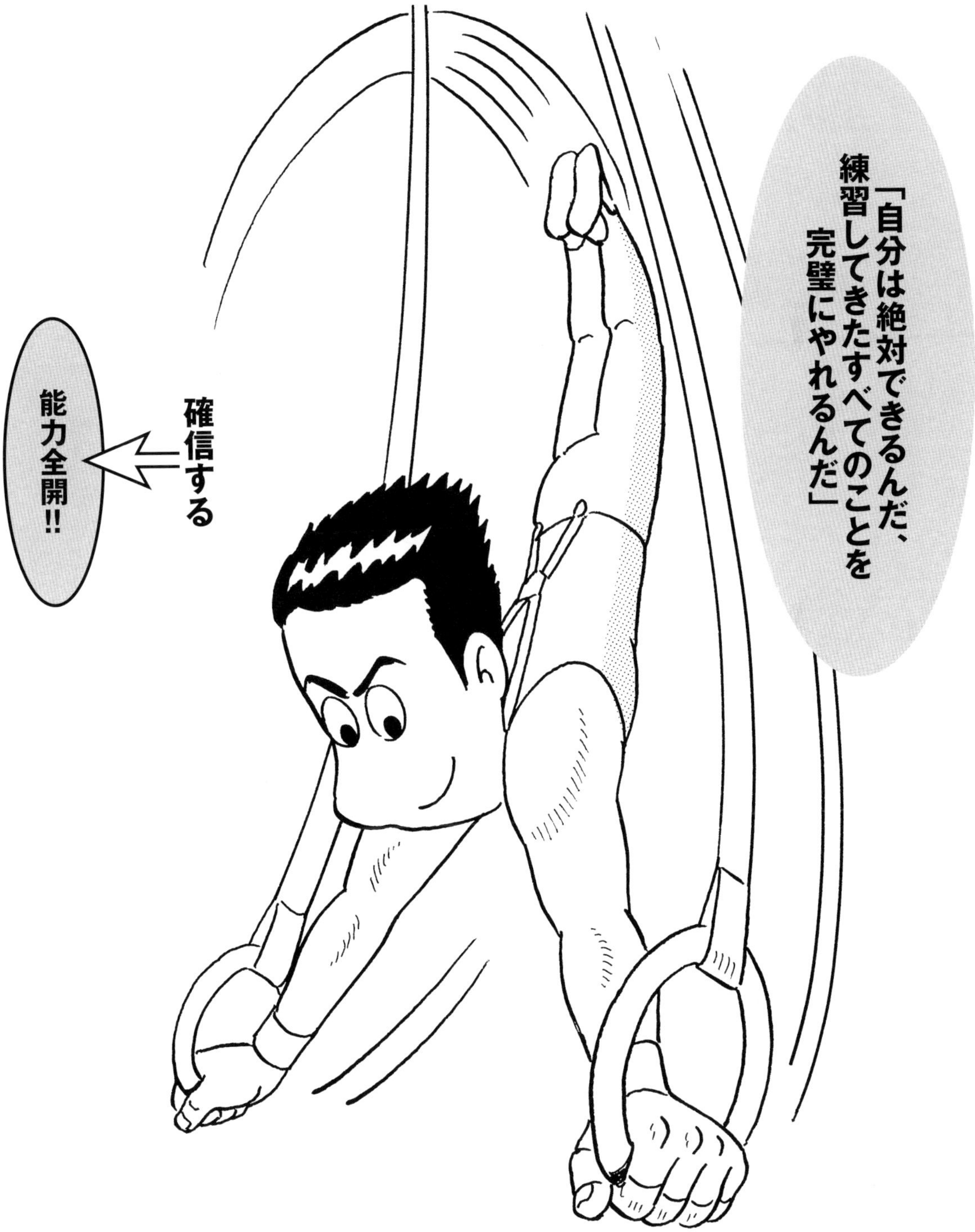
「自分は絶対できるんだ、練習してきたすべてのことを完璧にやれるんだ」
確信する
能力全開!!

自信を持って臨めば潜在能力は必ず引き出せる

◎パワーが爆発するワケ

「ハルチ　ウムチ　ツヅチ」でパワーが一挙に爆発

パワーコールの中身を調べてみることにしよう。

まず「ハルチ」。これは血液がハルということ。「発展する」「力が張る」「胸を張る」「春のようになる」→要するに、パワーが外側へどんどん膨らんでいくことを示している。

次に「ウムチ」。これは血液がウムということ。「子どもを産む」「果実が熟《う》む」「物を産む」→つまりパワーを産み出すことを意味している。

そして「ツヅチ」は、血液がツヅムというわけだが、「通ずる」「詰まる」「包む」「約《つづ》む」（ちぢめる）、「津」（水がたまる）→つまり、擬縮したあと噴き出すことだ。

以上の三つを連続してみると、体の中で血になっている霊や潜在能力が、「発展」「誕生」「擬縮」「発散」することを意味している。「ハルチ　ウムチ　ツヅチ」と唱えると、自分の霊が持っているすべてのパワーが一挙に爆発。生理学的にも、血液の循環がよくなると、元気が湧いてくる。頭も冴えて、なんでも積極的にやろうという気になる。これが肉体と霊で同時に起きるのだ。

このパワーコールは月の神霊界から授かったもので、相手に「ツキがあるかないか」をふるい分けできる妙力もある。たとえば「ハルチ　ウムチ　ツヅチ」とつぶやきながら、お見合いしたとする。相手に運勢があって、本当にいいご縁ならトントン拍子に話が進み、悪い縁なら障害が起きてダメになるのである。

しかし、注意しなければならないのは、本人の真剣さと謙虚さが必要だということと、あくまで常識判断でベストを尽くさなければならないの二点だ。すべてをパワーコール頼み、というのは絶対に避けたい。

海外のスポーツ界では常識の念力集中訓練

具志堅選手のことを調べていたら、なんと外国のスポーツ選手も、形は違っても、たいてい念力秘法といわれるものをやっていたのだ。

まず、自分の目標を具体的に紙に書く。たとえば、一〇〇メートル走なら「タイム九・九秒を出す」といった具合。これはせいぜい試合当日の二〜三カ月前まで。次は「タイム九・九秒が出た」と書いて、目につくところに貼る。意識の中で「俺は九・九秒を出したんだ」と固く信じるわけだ。もちろん、その間十分に練習を積むことはいうまでもない。

そして、試合の数日前に近づいたら、今度は頭の中で実際に九・九秒を出して走る様子をイマジネーションで描く。これを何度も繰り返し、イマジネーションを固めていく。「もしかしたら負けるかもしれない」「スタートに失敗するかもしれない」といったマイナスイメージは絶対に抱かない。すべて「できる」「やれる」とプラスに考える。

さて、いよいよ試合当日。すでに何度も頭の中で予行演習しているので、スタート位置についても、「俺は九・九秒で走る」と確信しきっている。緊張もさほどないし、あとはイメージどおり走るだけだ。

パワーコールと念力集中訓練の比較

「ハルチ ウムチ ツヅチ」とは

- ハルチ → 血液が「ハル」 → 「発展する」「力が張る」「胸を張る」「春のようになる」 → パワーがどんどん膨らむ
- ウムチ → 血液が「ウム」 → 「子どもを産む」「果実が熟む」「物を産む」 → パワーを産み出す
- ツヅチ → 血液が「ツヅム」 → 「通ずる」「詰まる」「包む」etc. → パワーが凝縮し、噴き出す

→ 潜在能力 爆発!!

念力集中訓練の例
——一〇〇メートル走の場合——

- 試合2〜3カ月前まで：「タイム九・九秒を出す」目標を具体的に書き出す
- 次に：「タイム九・九秒が出た」と書いて目につくところに貼る
- 試合数日前：九・九秒で走る様子をイメージする 何度も繰り返す
- 試合当日：スタート位置について「九・九秒で走る」と確信を強める

→ 結果は大成功!!

第三章

このひと言を信じて運は大きく開ける

私はパワーコールで幸運をつかんだ

◎パワーコールの威力

交通事故を未然に防げた

いつ巻き込まれるかもしれない災難。遭ってからではもう遅い。「転ばぬ先の杖」ならぬ「災難に遭わない先のパワーコール」をぜひ実行してもらいたい。

たとえば、交通事故を防ぐには、災い転じて福となる「ウンテン　トーボー　エータート」がいい。

「ウンテン　トーボー　エータート」は、大きな事故になる予定だったものが小事故になったり、小事故なら「無罪放免、カスリ傷ひとつなし」ということになる。「ウンテン」は「運転」。つまり車の運転と発音が同じで安全運転に通じるからだ。

だから、車を運転するときは、ハンドルを握る前に心の運転「ウンテン　トーボー　エータート」を唱えることにしよう。

その他、守護霊合体のパワー「センテン　ナム　フルホビル」は、守護霊を中心に善霊たちが直接ガードしてくれる。

ときどき、間一髪助かったという話を聞くが、これなども大抵は守護霊が守ってくれたおかげだ。しかし、問題は助かったあとである。

「ああ、よかった。さあメシでも食うか」では、せっかく助けてくれた守護霊がかわいそうだ。

「危ないところを、守護霊さんありがとう。これから気をつけますから、今後ともよろしくお願いします」

せめてこれぐらいは心に手を合わせて感謝すべきであろう。それが守護霊や神々への礼儀というものだ。

墜ちる飛行機に乗らずに済む

墜ちたら九九パーセントは絶望といわれる飛行機。肝心なのは、運の悪い飛行機のキップを買わないことだ。「ハルチ　ウムチ　ツヅチ」と唱えながら予約すると、災いは未然に防ぐことができる。

では、パワーコールを忘れたため、飛行機がダッチロールを始めてしまったら、どうすべきだろうか。

「ウンテン　トーボー　エータート。全員を救ってください。最後までベストを尽くせるよう導いてください」と唱える。これならマルだろう。

「なんとしても生きるんだ」という意志と、「全員助けてください」という愛。神霊界も感動して、飛行機が堕ちないように支えてくれるだろう。

非常事態の飛行機の中では、「ウンテン　トーボー　エータート」と「ハルチ　ウムチ　ツヅチ」の併用がよい。その理由はふたつある。

ひとつは、最後まで自分の持っているパワーを全開させる必要があると同時に、弱気にならないためだ。

もうひとつは、「ハルチ　ウムチ　ツヅチ」のパワーコールが、「運、ツキ」を司る月世界から来たものだからだ。助かる助からないは、運、ツキの問題になってくるので、飛行機そのもののツキを強くするのだ。

以上ふたつの理由から、飛行機がタッチロールを始めたら、「ウンテン　トーボー　エータート」と「ハルチ　ウムチ　ツヅチ」を併用してパワーコールしたい。

パワーコールで災難を未然に防ぐ

交通事故防止の場合

「ウンテン　トーボー　エータート」
（安全運転に通じる）

＋

「センテン　ナム　フルホビル」
（善霊たちの直接ガイド）

間一髪 助かった!!

飛行機事故防止の場合

予約するとき

「ハルチ　ウムチ　ツヂチ」
（運の悪い飛行機のキップを買わないために）

ダッチロールを始めたとき

「ウンテン　トーボー　エータート」
（飛行機が墜ちないように支えてくれる）

非常事態のとき

「ウンテン　トーボー　エータート」

＋

「センテン　ナム　フルホビル」
（「ダメかもしれない」と弱気にならないために、「必ず助かる」と念を込めるために）

の併用

受験突破も強い信念で

◎念力で悪霊の誘惑を退ける

「大丈夫かなあ」という不安は厳禁

身近で、しかも重要な悩みが試験。入学試験に卒業試験に就職試験、中間テストに期末後期テスト、朝のドリルテストに授業の終わりのテスト……。ウーン、考えただけで頭が痛くなりそうだ。

とくに、入学試験、就職試験は人生を左右しかねないほど重大な意味を持っている。それだけに万全を尽くして臨みたい。

何カ月、あるいは何年も勉強してきたその成果を、数時間のうちに大爆発させ、持てる力のすべてを示さなくてはいけない。なによりも大切なのは、その日のコンディションだ。

体調良好、頭脳明晰、勉強してきたことがキッチリと頭の中で整理され、どんどん必要な解答を引き出すことができる――。こうなれば、もうバッチリだ。

そのためには「念力秘法」と同時に「ハルチ　ウムチ　ツヅチ」のパワーコールを合体させることだ。「念力秘法」についてはすでに説明したが、自分の取りたい点数を机の前に貼り出し、「すでに合格点は取れている」と強烈に念じる。「大丈夫かなあ」という不安は厳禁だ。邪心が入り込む。

強い念力を集中させる

「取れる、取れる、取れる。合格できる、合格できる、合格できる……」と念じながら、頭の中で、スラスラと問題を解いている自分の姿を思い浮かべる。できれば問題の内容まではっきり見える状態にまで想念の世界を高めておこう。

たとえ周りの友人知人に、「お前が合格するはずはないよ」とひやかされても、「ナニクソ！」と、一層強い念力を集中させる。

友人といえども試験ではライバル。そのライバルに「俺、念力秘法やってるんだゾ」とか「絶対に合格するパワーコールを知ってるんだ」などとは、口が裂けても言ってはいけない。

言うとバカにされて、自信を失ったり、たたり霊や相手の嫉妬の念が邪気霊として邪魔に入り、せっかくの合格秘法が台なしになってしまうからだ。秘法は合格してから、ごくごく親しい友人にだけそっと打ち明けよう。

勉強していても、どうも意識が集中できないときがある。テレビが見たい、マンガを読みたい、お菓子を食べたい、友だちと遊びたい……。

これは悪霊たちが誘惑しに来ている証拠。こういう場合には、「センテン　ナム　フルホビル」の守護霊合体パワーで身を守る。前にも説明した「守護霊軍団の図」を見ながら念を集中させれば、なお一層効果的だ。

受験突破のために

好きな人と仲よくなる

◎痛手を乗り越えて次へ

パワーコールで友だちの輪を広げる

「あのコが好きなんだけど、恥ずかしくて話もできない」という純情な人は、守護霊にお願いしよう。

守護霊と密接なコンタクトを持つためのパワーコール「センテン　ナム　フルホビル」を唱え、そのあと「自分は○○さんが好きです。仲よくなれるように導いてください」と、自分の気持ちを「守護霊軍団の図」に向かってありったけ、告白するようにするとよい。

期限を区切ると、大抵期限内にはチャンスが与えられる。逃した場合は再び期限つきでお願いし、結果があらわれるまでがんばることだ。

パワーコールは合計三六回唱える。そして○○さんの顔を思い浮かべ、「○○さんの守護霊さん、守護神さんもよろしくお願いします」と一○回唱える。このパワーコールは守護霊を合体させる働きがあるので、相手の守護霊にも影響を与えることができるわけだ。正しいパワーコールならば、チャンスが生まれる確率は九○パーセント以上。もし相手が好きでも嫌いでもないのなら、一○○パーセントの確率で守護霊がチャンスを与えてくれる。

失恋の痛手を癒す

不幸にして、相手に振られたらどうするか。「クヤシイ、のろってやる。守護霊に頼んで、病気にしてやる」そう言いたい気持ちはわからないでもないが、人をのろったりすると、その念が「生霊《いきりょう》」となって相手に災いをもたらすか、自分も不幸になる。

振られた場合の最善の方法は、はっきりいってあきらめるしかない。

①お互いの性格が合わなかった。交際を続けていたら、二人とも不幸になっていただろう、と考える。

②ちゃんと誠意は尽くした。守護霊もそれを知っている。誠意は善徳として天に預金したと考える。そして相手の幸せを祈願する。

③青春の日のよき思い出として、心のアルバムに貼り、明日からの新しい人生に思いをめぐらす。

以上、三つの方法で失恋の痛手を癒す。そんな気持ちになれないと思ったら、大声で泣こう。二時間ほど泣けば、意外とスッキリするものだ。

失恋をバネにして運をつかむ

恋愛に限らず、なにかに熱中すれば、気持ちが積極的になり運勢もある程度向上する。だが問題は、挫折したとき。幸運の女神にソッポを向かれると誰でも落ち込むが、そこをどうクリアするかによって、その後の運勢は大きく影響される。

失恋しても、相手をうらまず、運命に失望しなければ、守護霊は別の幸福を用意してくれる。

具体的には、テストの点数が上がったり、もっとすばらしい相手とめぐり会ったりする。傷ついた心も、すぐに癒され、前にも増して元気が湧いてくる。これが守護霊の「失恋痛手一○倍回復法」なのだ。

失恋の心を癒し、元気になる法

失恋の心を癒す三つの方法

1. **お互いの性格が合わなかった**
→交際を続けていたら二人とも不幸になったと考える

2. **ちゃんと誠意を尽くした**
→誠意は善徳として天に預金したと考える

3. **青春の思い出として心のアルバムに貼る**
→明日からの新しい人生に思いをめぐらす

そんな気持ちになれない場合 ⇒ **大声で泣く!!**

失恋痛手一〇倍回復法

相手をうらまず、運命に失望しない
→ 前向きのベクトル

相手をうらみ、運命に失望する
→ 後ろ向きのベクトル

第三章 人をうらむと運が遠のく

このひと言を信じて運は大きく開ける ◎パワーコールにはタブーもある

※ うらみの量と運勢は反比例

先ほど生霊の話をしたが、生霊を生み出すと、どうして運勢が下がってしまうのかを説明しよう。

運命の分かれ道で「後悔、うらみ」へ向かった場合である。

人をうらむと、自分自身の霊波動が乱れ、荒れすさぶため、怒りっぽくなる。するとイライラがこうじていちじるしく集中力が欠如する。情緒不安定な状態で、急に不安になったり、陽気になったりする。

その理由は、うらみの想念が悪霊を呼んでしまうからだ。また、自分の霊の一部分も悪霊化してしまうとさえある。

これはちょうど、ハエが白いご飯

にたかっているようなもの。こんなものを誰も食べたいと思わないように、守護霊も悪霊がいっぱいついている人に教えてはいけない。というのも、パワーコールの精神を完全に伝わり人に深く反省し、気持ちを入れ替えれば、その瞬間に"悪霊バエ"はどこかへ飛んでいってしまう。

ただし、本人が深く反省し、気持ちを入れ替えれば、その瞬間に"悪霊バエ"はどこかへ飛んでいってしまう。

強く人をうらめばうらむほど、悪霊はどんどん増え、やがてそれが巨大化して一つの独立した生霊となったので、うらみの量と運勢は反比例するのが神霊界の法則だ。

※ 面白半分で祈っても成功はおぼつかない

面白半分で祈るようなことはタブーだ。

パワーコールは本人が自覚してやるならいいが、他人がその人の運勢をよくしようと思ってやると、相手の悪霊がとりついてしまうことがある。

パワーコールで運勢が実際によくなると、ついつい他人にもパワーコ

ールしてやりたくなる。それが人情というものだろうが、決して面白半分に唱えてはいけない。というのも、よくなった運勢はいわば神霊界からもらったもの。そのあたりを勘違いして、「俺はすごいんだ」と天狗にならないようにしたい。

あくまでも、パワーコールは善の心で、感謝の気持ちを失わないですることだ。

たとえば、守護霊合体の「センテン ナム フルホビル」や、金縛り解除の「ホンボラ ソモビル フルフルフル」のパワーコールで悪霊を追いはらい、運勢が爆発的によくなったので、友だちを自分の部屋に呼んで運勢向上をやってあげる、というようなことはタブーだ。

遊び半分、面白半分でパワーコールするとどうなるか。たとえ他人の悪霊を呼び込まなかったとしても、死後苦しむことになる。それは、神霊世界のものを自分のオモチャとして使ったからだ。

なぜなら、本人の念の強さが、まだ悪霊に打ち勝つほど強くないからだ。

しかも、よくなった運勢はいわば神霊界からもらったもの。そのあたりを勘違いして、「俺はすごいんだ」と天狗にならないようにしたい。

うらみと運勢の関係

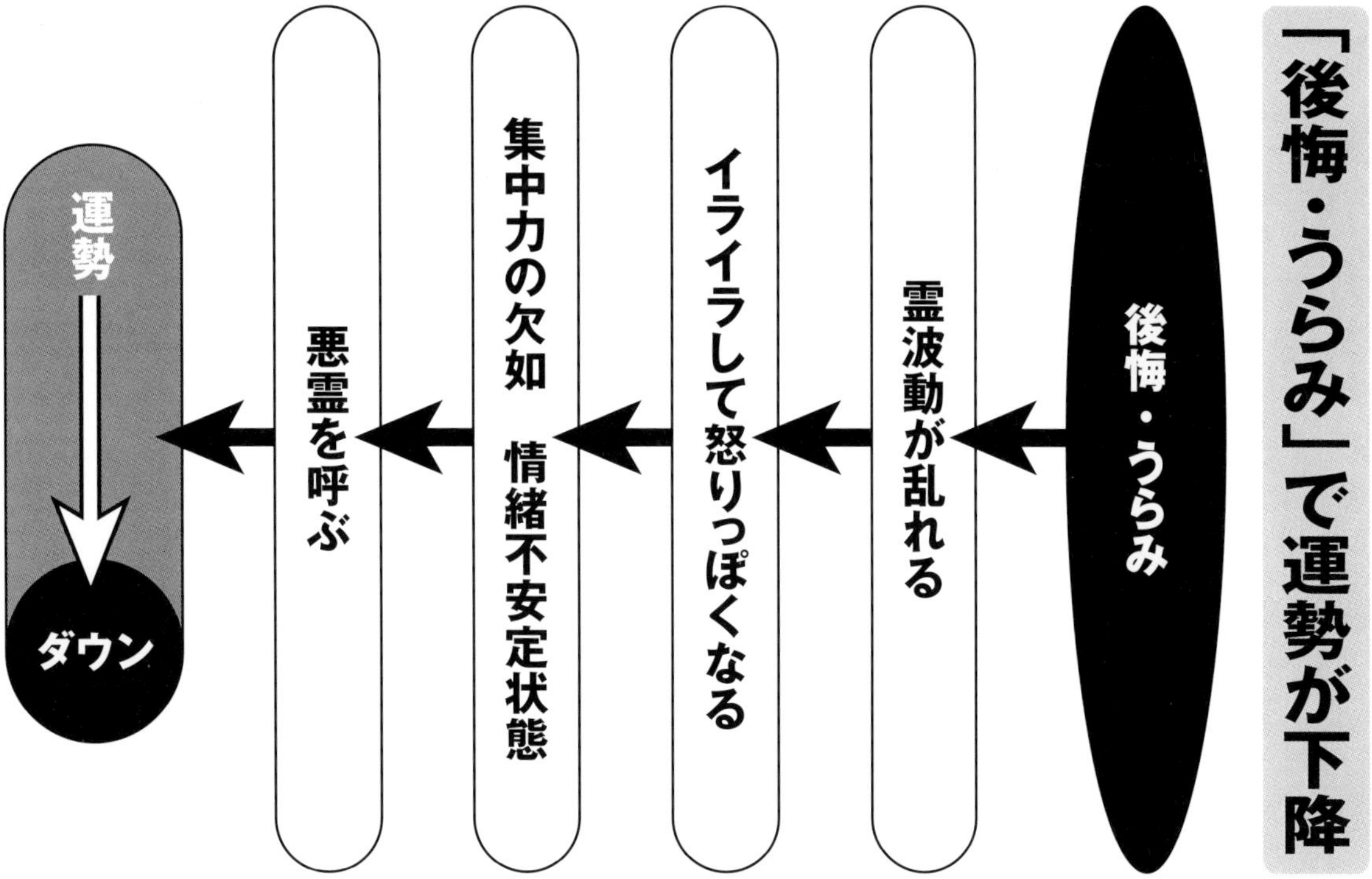

「後悔・うらみ」で運勢が下降
後悔・うらみ
霊波動が乱れる
イライラして怒りっぽくなる
集中力の欠如　情緒不安定状態
悪霊を呼ぶ
運勢
ダウン

自分のために

第三章

正しいパワーコールのやり方

◎超マル秘・神霊界を動かすパワーコール

心構え

①疑いの心を捨て、「絶対効果がある」と確信する。

②悪い目的で使用してはいけない。必ず天罰が下る。

③自分のやるべき努力を怠ってはいけない。

④効果があらわれるまで、何度でもチャレンジする精神でやる。

環境

①周囲が騒がしい場所は、精神が統一できないので避ける。

②部屋の中のテレビ、ラジオ等のスイッチは必ず切る。できれば電話もはずす。

③部屋を真っ暗にしない。悪霊がやってくるから。

④丑三つ時、つまり午前三時前後にはやらない。この時間帯は悪霊が横行しているから。

⑤部屋をきれいに整頓して、すがすがしい雰囲気にする。

態度

①目は開けても閉じてもかまわない。

②手は顔の前で合わせたほうがいいが、絶対ではない。やりやすい方法でやればいい。

③願い事は具体的に声に出して、願いがかなったら　必ず感謝すること。

パワーコール

◎センテンナムフルホビル
（覚え方）
「センテン、ナム、フルホビル」

◎ノーマクサーマンダバーザラダンセンダマカロシャーダソワタヤウンタラタカンマン
（覚え方）
「ノーマクサーマンダ、バーザラダンセンダ、マカロシャーダ、ソワタヤ、ウンタラ、タカンマン」
（短く言う場合）
「ノーマクサマンダ、バザラダンカン」

◎ウンテントーボーエータート
（覚え方）
「ウンテン、トーボー、エータート」

◎ハルチウムチヅチ
（覚え方）
「ハルチ、ウムチ、ツヅチ」

◎ホンボラソモビルフルフルフル
（覚え方）
「ホンボラ、ソモビル、フルフルフル」

◎アマテラスオオミカミ
（十言《とこと》の神呪《かじり》という）

効果

◎センテンナムフルホビル
守護霊を中心に、他にいい霊がたくさん集まり合体する。それと同時に、自分自身と守護霊も合体できる。天地自然の善なる霊気がなびく。

◎ノーマクサーマンダバーザラダンセンダマカロシャーダソワタヤウンタラタカンマン
強い意志と力を持った不動明王様が、守護霊団の中心に入る。これより、合体守護霊団のパワーは、三倍確実にアップする。

◎ウンテントーボーエータート
神界幸運ロゴマークを見ながら唱えると、災いが転じて福となる。

◎ハルチウムチヅチ
潜在能力が驚くほど発揮される。

◎ホンボラソモビルフルフルフル
簡単な悪魔ばらい。金縛りに絶対の効果あり。

◎アマテラスオオミカミ
十一回唱えると、太陽のパワーを全身に浴びることができる。

スタイルは自由、リラックスしてパワーコール

丑三つ時は絶対に
やらないこと
あまり暗くなら
ないように
守護霊団合体
パワーの図
守護霊の図を見る
か、願いをかける
相手の顔を思い浮
かべる
神霊界
パワーのマーク
声に出したほうがよい
好きな人の写真
手は軽く合わせるか、
またはひざの上に置く
テレビ・ラジオの
スイッチは切る

部屋は整理整頓！

第四章

古代から星が幸運を象徴していた

「星に祈る」ことの本当の意味は

◎星のメッセージを聞く

三層構造になっていた星

昔から「占星術」といわれるものがあった。科学文明が発達していなかった当時は、純真な気持ちで太陽や月、北極星を眺め、運命や運勢といったものを敏感にキャッチして、生活の中で生かしていたと思われる。

古代の人々が心の耳を澄まして、星々からのメッセージを聞いたように、私たちもキッカケさえつかめば星の声を聞くことができる。なぜ、そんなことが可能かといえば、実は星世界は人間の体と同じように〝三層構造〟をしているからだ。

三層構造――つまり、人間の体はいちばん〝外側〟に肉体があり、その〝内側〟に霊が存在し、〝中心〟部分には魂がある。この場合の外側、内側というのは三次元的な内外ではなく、より次元が高まっていく度合いを示している。つまり、肉体は三次元的存在だが、霊は四次元的存在で、魂はさらに上級のランクに存在しているというわけである。

星世界も同じような構造になっている。望遠鏡で見える星の姿は、人間でいうとちょうど肉体の部分。表面というわけだ。その内部には霊や魂の部分があり、これは残念ながらどんな高性能な望遠鏡でも見ることができない。唯一、それを見られるのは、人間の霊あるいは魂しかない。

星の世界を体験する〝星ツアー〟とは

人間と星の霊的部分が激しくスパークすると、大運勢がやってくる。霊をスパークさせるためにも、実際に星世界をのぞいてくることであるが、星世界へ行くと、大運勢を受けられるばかりか、過去や未来を知ることもできるのである。

私は特別に神霊世界に許可をもらい、〝星ツアー〟なるものを実施している。現在のところ、この星ツアーには、当方へ来て私が直接指導する方しか参加できないが、落胆するのは早い。要するに、星には霊的パワーがあり、それが私たちの霊や運勢に影響を与えていることを〝悟り〟さえすればいいのである。

星ツアーの様子を少し紹介しておこう。星世界へ旅立つのは、人間の四つの霊魂の中心的存在である奇魂《くしみたま》（九八ページ参照）。この奇魂が出入りするのは眉と眉の間、ヨガの「アージャーニー」と呼ばれるチャクラ（肉体と霊を結ぶ部位）だ。

星ツアーは薄暗くした静かな所で、リラックスした状態で椅子に腰かけ、軽く目を閉じ、手は胸の前で合わせる。そこで私が念を集中し、一人ひとりの奇魂を頭の中から引っぱり出すのである。

星ツアーの間、頭の中に自分自身が考え出したものではない、別の意識の産物であるような映像がボンヤリと浮かんでくる。実はその映像こそが奇魂が見ている星世界の姿なのだ。

一回のツアーで行く星の数は三～四個。おおむね月からスタートし、水星、木星と進む。最後の星あたりになると映像が見えてくるようだ。星ツアーの直後、急に幸運が訪れたり芸術的直感が鋭くなったりする。

星の世界を体験する

星は人間の体と同じ三層構造

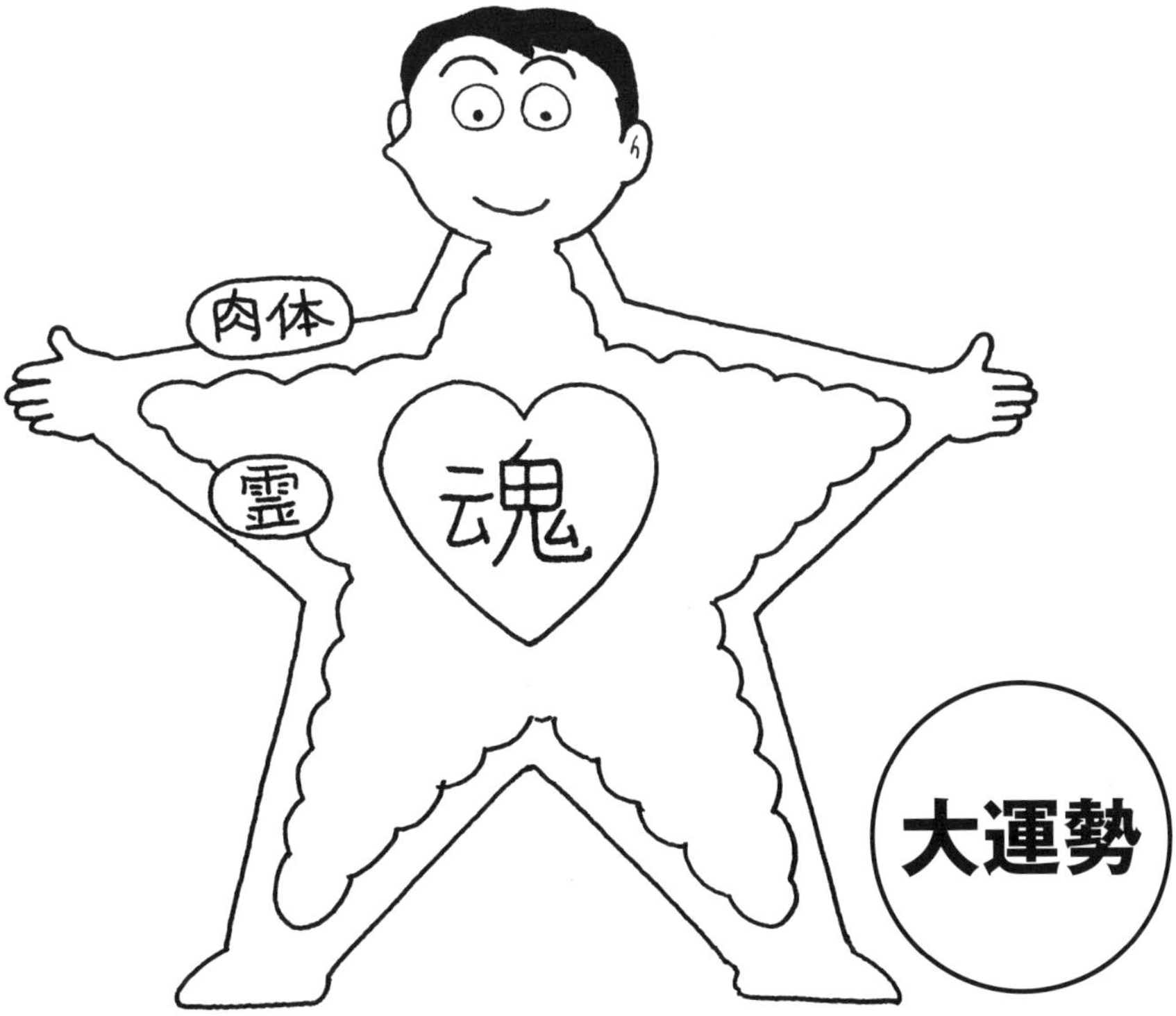

星ツアーに参加する

慣れてくると即座に星世界に入れる
星の主宰神と話すことも可能
ツアー後＝幸運訪れる、芸術的直感が鋭敏に

第四章

ツキを招く星の波動

「星に祈る」ことの本当の意味は

◎幸運を自分のものにするための心構え

誰でもつかめる幸運の星

ここでは、星ツアーに参加しない読者のために、星に祈る場合の心構え、幸運の星を自分のものにするための大事な心構えを示したい。この心構えがしっかりできていないと、星から降り注いでくる幸運のパワーを十分浴びることができない。

たとえば、あの太陽。キラキラと輝いていて、まともに直視すると目が痛いほど光パワーを放っている。そして、光と一緒に熱や放射線みたいなものも地上に届けてくれる。太陽の光の下にいるとポカポカ体が温まり、「ああ、今日は一日ノンビリしたい」などと思う。

ツキを今一歩のところでいつも逃しているような人は、この太陽を物理的な側面からしかとらえようとしない。ところが、ツキのある人間、運勢の強い人間はそうではない。物理的側面プラス神霊的側面を加味して見ている場合が多い。ここでいう神霊的側面とは、別段本人がそのように自覚しているとか、していないというのではない。要するに、太陽の光パワー以外の、もうひとつを感じているということなのだ。

わかりやすく説明しよう。

太陽の光を浴びて、「よし、がんばるぞ」という気持ちになったり、思わず手を合わせてみたり、嫌な考えを吹き飛ばして前向きに物事をとらえるようになれば、太陽の幸運パワーを感じているといっていいだろう。太陽には、物理的空間の他に太陽四次元霊界、太陽五次元神界があり、太陽系惑星の霊界、神界を統括する中央政府があるのである。

朝日を見ると心臓が高鳴ってくるが、これなどもそこから発する太陽の幸運パワーが目、口、鼻、耳など、あらゆるところから注ぎ込まれているからなのだ。すがすがしい気持ちになって、活力がみなぎってくるのは、みんな太陽の「光」以外のもうひとつの力によるものだ。

もちろん、この力は昼も夜も地球を貫いて、私たちの体に届いている。ツキのある人というのは、無意識のうちに、この太陽の幸運パワーを絶えず感じているわけである。

ボヤーッとしているとツキに見放されてしまう

太陽は物理的な光も強いので一例として説明したが、同じような幸運パワーは月からも金星からも、いろいろな星々から地球へ届いている。

天賦の才能として、こうした星からの幸運パワーを感じ取ることのできる人間が、いわゆる運勢の強い人ということになるわけである。逆になにも感じず、ただボヤーッとしていると、星から来るツキに見放され、なにをやってもうまくいかないという状態に陥る。

幸運の星をつかむ心構えとは、つまり太陽や月などを漠然とながめるのではなく、「なにかがあるぞ。パワーや幸運波動が来ているぞ」と信じて見ることだ。そうすることによって、それを認識し、吸収する霊界が自己意識の内部に形成されるため、幸運の星は本当に霊力を発揮して自分のものになるのである。

幸運を自分のものにする

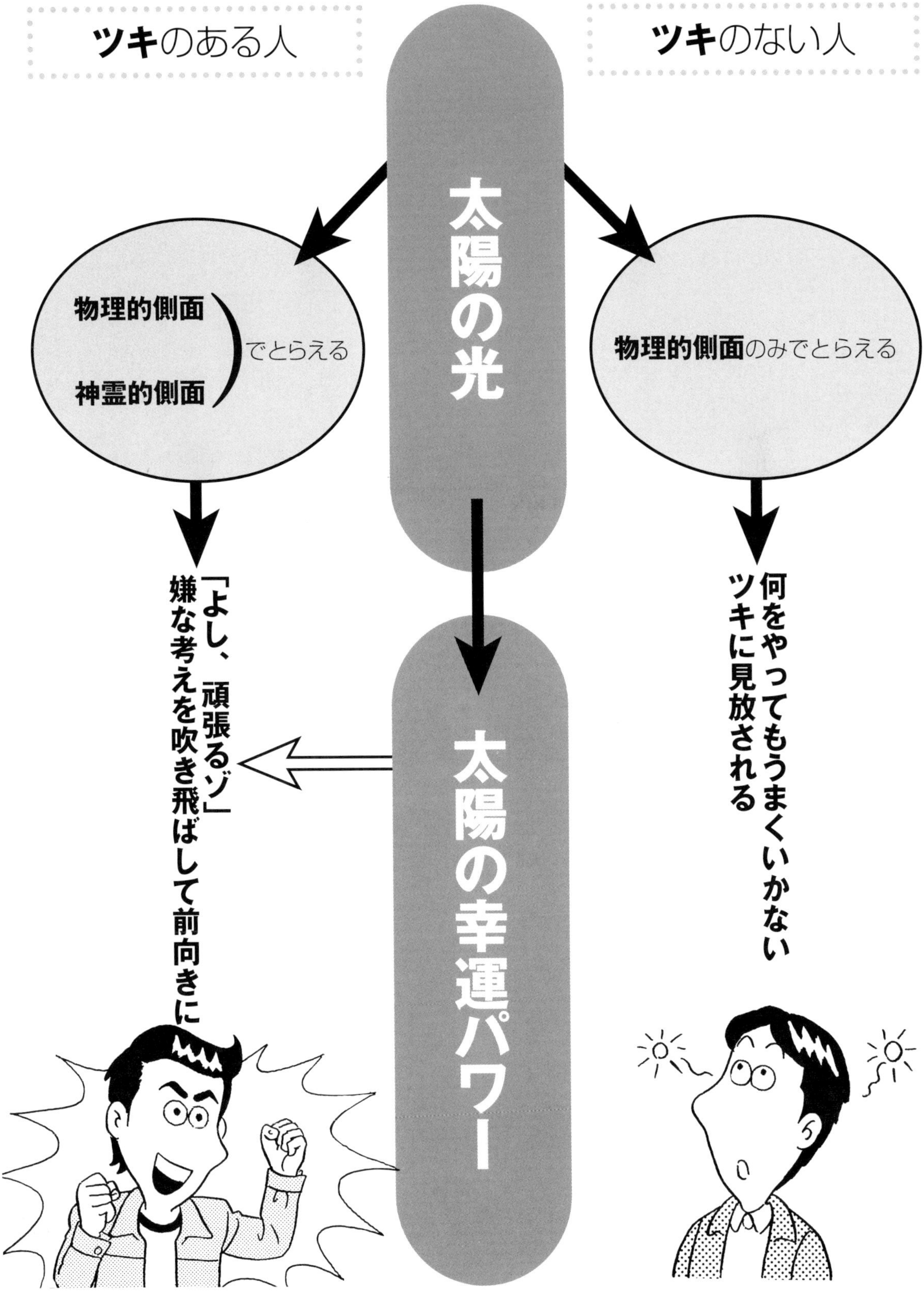

それぞれの星の幸運パワーの種類を紹介しよう。神霊界の許しを得て発表するが、これが全部ではない。日常の生活の中でこの程度の役割を知っていれば十分、というランクまで公表することにした。

太陽　万物のエネルギー源

太陽は非常に明るく、躍動的だ。地球上の植物と動物は太陽の光がないと生きていけないものが多い。生命の源のような存在だが、神霊的にみても、やはりエネルギー源・活力源となっている。

「よーし、がんばるか」というときは、太陽の存在感を体内に呼び起こすと、情熱がフツフツと湧きあがってくるはずだ。太陽は地球も含めた太陽系の中心にあるので、惑星の〝中央政府〟的な役割を果たしている。

また、ここには六四のコミュニティー（地域社会）が形成されており、地球上のあらゆる民衆・国家の聖なる場所のひな形となっている。つまり、天界のもろもろの決まり事は、太陽の聖なるコミュニティーの決定を通じて地上に反映されるといっていい。「アマテラスオオミカミ」とは、これらの働きを総称していう。太陽の主宰神様は「アマテラスオオヒルメムチ（天照大霊女貴之大神）」なる女性神で、六四のコミュニティーを取り仕切っておられる。出雲の日御崎《ひのみさき》神社のご祭神はこの方である。通常は深紅の雅《みやび》な着物を着ておられるが、それは　大和の国　というコミュニティーでの話。アテネにあるパルテノン神殿そのままの宮殿に行けば、真っ白で優雅なドレスを着ておられる。ダイヤモンドとルビーを散りばめた王冠や杖は地上のなによりも美しく、そのお姿は絶世の美女に気品、優雅、高貴さを凝縮させたようである。私はこのお姿が大好きで、太陽神界に行けば必ずここにおうかがいする。

それはともかく、太陽神界の主宰神は全部でご三体である。女性神が中心で、あと二神は男神。一柱は天常立之神《あめのとこたちのかみ》と申され、もう一柱は国治立之神《くにはるたちのかみ》と申される。前者は、神典に名前はあっても、どこにいらっしゃるかわからなかったが、白ヒゲ豊かで厳然としたアポロンである。後者は、「生命」を司る神様で、紫のサファイアのような「命の種」を、太陽神界から地球へ送っておられるのをよく拝見する。

ところで、拙著『神界からの神通力』（たちばな出版刊）でも紹介した日本が誇る世界的ミュージシャン、カシオペアの野呂一生氏を以前、星ツアーで太陽神界に案内したことがある。そのとき野呂氏は、「太陽神界の神様に『これが三次元の太陽、これが四次元の太陽、これが五次元、すなわち太陽の神界です』と次元別に説明を受け、詳細に見せていただきました。最も感動したのは、ある場所に案内され、なんだか細胞組織の図を大きく立体化したような幾何学物体で、これが『命』です、と説明されたときです。ここところをつないでいるこれが、実は『愛』なのです、と説明されました。そのとき、（そうか……）とぼくはえらく納得して、深い感動を覚えたのです。それからガルーダの背に乗せられて、いろいろなすばらしいコミュニティーの上空を遊覧飛行して見てきました。まさに、崇高でみごとな景色でした」と感想を述べておられた。

この中に語られた「命」の世界を、国治立之神は統括しておられるのである。

三次元的な目で太陽を見ると、何万度という高熱を放つ、燃えさかる恒星。とても生物などは生きられる状態ではないが、すでに説明したように星は三層構造になっていて、ギラギラ燃えているのは三次元的世界のみ。人間にも目に見える体のほかに、自分の目には見えない心と魂の部分があるように、太陽にも心と魂に匹敵する部分があるのだ。

今、説明した太陽世界は、もちろん後者の目に見えない世界のほうである。太陽の光を感じたら、必ずこういった高次元世界からの霊的エネルギーも降り注いでいるのだ、と思うようにすれば、強い運勢を得ることができるはずである。

その際のポイントは、ご三体の神様の名前を正確に唱えること。神名の音はその働きをすべてあらわし、正しく誠を込めて唱えれば、そのお働きを自分に招き入れることができるのである。太陽神界の画像をもっと具体的にイメージすれば、より強い運勢が受けられる。

また、前述のごとく、太陽神界すべての働きを総称して「アマテラスオオミカミ」と申し上げるが、一音一音を大切に発音して、十一回唱えるパワーコールのことを、「十言《とこと》の神咒《かじり》」ともいう。この際もご三神の存在を意識の奥から離さないことである。やや宗教っぽく、次の歌。

三主神《さんすしん》余りある身の光より幸《さち》とめぐみの道ふらすかな
千萬《ちよろず》の天津御神《あまつみかみ》の働きを統《す》べ治むかな日の三柱《みはしら》は
仰ぎつつ励み励みて祈るなら天津日神《よみ》は善照らしたもう

深見東州

太陽にある神殿

木星で見た超高層ビルディング

火星にいる戦いの龍

星ツアー参加者が描いたイラスト

水星 真理を探究する星

水星は位置的にも太陽に近いので日差しが強く、人々は日よけのために大きな帽子をかぶっている。人口は約一〇億人と主宰神からうかがった。神霊レベルでいうと、ここは中有霊界の上に当たり、地上において善良で常識的な生き方をした人々が、死後行く世界だ。

太陽系惑星群を人の生涯にたとえると、水星は三歳から五歳前後の子どもの心になるだろう。みずみずしい感性を持ち、この年齢の子どもがなんにでも興味を示して「なぜ？　なぜ？」と質問するように、水星は真理を探求するエネルギー波を地上へ送り出している。余談だが、スティービー・ワンダーの曲は水星のメロディー波を受けているものが多い。

何にでも興味のある人、胸に希望をいっぱい詰めている人、また詰めたいと思う人は、水星に向かってそのエネルギーを受けるようにするといい。ここだけの話だが、この水星はバストを大きくする作用もある。子どもが胸をふくらませて「なぜ？なぜ？」と質問するのと同じで、肉体的にも胸が大きくなるのだろう。

その他、経済的な知恵を得たいと思うときも水星に祈るといい。商売のヤル気も出てくる。大黒様が住んでいるのもこの星なのである。バストと経済に関しては、主宰神の妻神「トヨタマヒメノカミ」様の神名を唱えればよい。この神様の名前は神典にも出ているが、水星がこういう役割（他にもあるが）を果たしていることを明かすのは私が初めてであろう。「商売で運が向いてきた」などというのも、その女神が動かれていると考えてよい。

金星 行き詰まりを打破する成功の星

宗教関係の読み物の中に、しばしば出てくる金星。人生の年齢でいうと、ちょうど十八歳から二五歳ぐらいまで。いわば最もパワーが出て、かつ重要なころだ。しかも、いろいろな種類のパワー波を出しており、その数ざっと七八。金融対策から学術的、宗教的なものまであり、それぞれの分野で行き詰まりを感じたら、金星に祈りを込めるといいだろう。

十八歳から二五歳といえば、なんにでもチャレンジしてそれを乗り越えていこうとする活力がみなぎっている時期。人生の基礎づくり、人格形成の時期でもある。また、思春期とは、人間が木星や金星の影響を受けて精神的な面を形成する時期であるともいえ、一生の進路もだいたい金星の働きでこのころ決まる。守護霊交替の最も多い時期だ。

ところで、女性は十七歳ごろから金星の影響を強く受け始める。というのは、女性は男性に比べて一、二年早熟だからだ。

金星を神界レベルから見ると、上級霊界の部類に入り、太陽神界のすぐ下あたりである。宗教的な成功者クラスがここへ行く。成功者といっても、名をあげたり信者が多いということではなく、ドグマに陥らず、広く宗教的に人々を愛し、道を説き法を極めた人物を指す。

神霊界のパワーや具体的な宗教教義、指

針は、この金星を通じて人間界に届くので、いわゆるミラクルパワーを発揮することができる。

かつてお釈迦様に「天上天下唯我独尊」の悟りを与えた「明星」も、この星である。モーゼのエジプト脱出を導いたり、ユダヤ教義などを教え導いたのも、主神を顕現させた金星の働きなくしては語れない。モーゼの奇跡の約七割は、金星秘法といわれるものである。私は実際に金星へ行き、モーゼの神霊から直接聞いたのであるから間違いない。ユダヤの予言者を導いていたのも、たいていこのミラクルパワーによるものだ。

暁の明星、金星。〝一番星〟として、だれでも一度は指さしたことがある金星には、人智を超えた力が潜んでいることを知って、行き詰まり打破のここ一発のとき、祈りを込めよう。ユダヤの予言者ほどでなくても、ユダヤの成功者ぐらいにはなってほしい。

月　ツキを呼び込む癒しの星

地球の衛星として最も私たちになじみのある星。太陽を陽とすれば、月は陰にあたるが、影響力は太陽に匹敵するほど大きい。

月は「ツキ」と読むが、これはそのまま「ツキ、運」につながっている。「ツキがある」とか「ツキに見放された」というときのツキだ。

また、月ヘンの漢字には「腰」「肝」「臓」というような体と健康に関するものが多いが、これは偶然ではない。漢字を創造した古代の人々は、ちゃんと月の霊波動が健康に大きく作用していることを知っていたのだ。

月のほの暗い明るさの雰囲気は、インド世界の仏教に相当している。実際、月の主宰神「ツキテルヒコノオオカミ」様は、仏教に多大な影響を与えておられる。お釈迦様の守護神であったからだ。太陽のように、あまり隅々まで明るく照らしすぎず、適当に煩悩や悪さを容認して、手を替え品を替えて説教し、少しずつ衆生を本来の道へと導かれる。まさに、満月、半月、三日月と姿を変えて夜空に輝く月のようではないか。また、インドは灼熱の国。太陽は嫌われ、月が安らぎを与える象徴として貴ばれ慕われたということもある。

もうひとつ大事なことがあった。月は文学、ロマン、恋といった分野にも力を発揮するという点だ。いい恋人とめぐり逢いたい、彼あるいは彼女の心を自分のほうへ向かせたいという場合は、月への祈りを込めるべきだ。無骨な男性は、徐々に歯の浮くようなことも言えるようになるのである。

このように、地球は太陽の周りを回り、月は地球の周りを回るという図式は、それぞれが切っても切れない関係であることを示していて興味深い。太陽は人間の精神的な世界（魂の世界）へパワーを送り、月は肉体と物質世界および神霊の世界へパワーを送る。人間はこのふたつの星の影響を大きく受けながら、悲喜こもごもの人生を過ごしているわけだ。

このふたつの星の神霊的存在を知るだけでも、その人の一生はかなりよくなってくるだろう。特に月はツキを呼び込める星なので、金もうけや恋人探し、家探しに勝負事まで、直接的ご利益をもたらしてくれる。

文章が上手になれるのも、月の霊波動がカギを握っている。「月のもの」である生理不順も正常になる。そして、失恋の傷心を癒してくれるのも月なのである。自然と心が安らいで、なぐさめられる。

霊界レベルでいうと、月は中有霊界の中段から下段にかけて、可もなく不可もなく生きた人々が死後行く世界だ。

火星　激しい情熱と闘争の星

火星はその名のとおり、火の星。熱狂的な情熱と闘争の世界だ。赤龍、火炎龍、黒龍等が住んでいて、いつも激しく争っている。まるで戦場であり、モタモタしているとすぐにやられてしまう。種々の兵器やミサイルなども、この星に貯蔵されている。ノストラダムスの予言の争いの部分に関しては、この神霊界を予言詩としてあらわしたものなのである。

また、この星は非常に単純明快な雰囲気がある。人生の年齢でいうと二歳から三歳までの年頃。そのほか、水子の霊などもこの星の世界の天国界に住んでいる。二、三歳というと疲れを知らない世代。自分の好きなものは泣きじゃくってでも手に入れようとする。なんにでも興味を示し、手にとって投げたり、食べてみたり、とにかく見ているだけでは事が終わらない。必ず活発なアクションが伴い、すぐに夢中になってしまう。

火星とは、こうした霊波動に満ち満ちている世界だ。どうもここ一発の情熱が不足しているというような人は、火星の霊波動を浴びるようにしたらいいだろう。闘魂がムラムラと湧きあがってくるに違いない。力と技の男のロマン。プロレスラーなどにお勧めの星である。

木星　願い事をかなえてくれる星

木星は地上の願い事が聞き入れられ、結実する星だ。金星が天界の願いを反映して地上に影響を与えるのに対して、木星は地上の願いを天に反映させる。「○○をお願いします」と願うと、かなり効果的に聞き入れられる。

人生の年齢でいうと、十一歳から十七歳ぐらいまで。思春期の明るくのびのびとしたみずみずしい発展の気運に満ちている。そして人生に対する一途な思いなどがごちゃまぜになった、変化に富んだ霊的波動にあふれる世界だ。ディズニーランドの原型もここにある。夜景がきれいなことでも定評のある星である。

言い忘れたが、仏教界の胎蔵界は金星にあり、金剛界はこの木星にある。もちろんそれぞれの上部神霊界にある。木星の神霊ランクは、一般的にいって中有霊界の上級、つまり人生の道を明るく極め、善徳をたくさん積んだ人が死後行く世界である。非常に美しい世界が開け、人々はそこでのんびりと、あるいは活発に生活している。ここをちょっとのぞいた人は帰るのが嫌になるほどである。

願いを立てて祈るほか、思春期の人生に対する初々しさを取り戻したいときなど、木星の霊波動を受けるといいだろう。特に若々しさや家内安全、楽しく豊かな活発さが戻ってくる。また、思春期にある青少年たちは、今最も木星の影響を受けているわけだから、苦しいときや悲しいとき、辛いときがあったら、迷わず木星へ祈りを込めるようにしたい。

特に木星には「願立て神社」があって、どんな願いでも聞いてくれる。伊勢や出雲など著名な神社に詣でると、「よくぞ遠路はるばる参ったな」と、ご祭神も格別なご加護を与えてくださるもの。それが、魂だけとはいえ、地球を飛び出してわざわざ木星まで詣で、しかも「願立て神社」にお参りするとなれば、「なんでも聞いてやるぞ」と木星の神々も聞いてくださるのである。

現在、地球人では私が星ツアーで案内した数千人程度しか、ここで直接願を立てた人はいないはずである。

「願立て神社」は正確には三カ所あって、「黄金宮《おうごんきゅう》」「楽豊宮《らくほうきゅう》」「神仙宮《しんせんきゅう》」とあり、この「黄金宮」に「黄金姫」様がいらっしゃる。ふくよかな美人で、ファッションも見事だ。この黄金姫が本当に微笑むと、一生涯お金に困らない。豊臣秀吉の時代に佐渡から金が豊富に出たり、聖武天皇のとき陸奥国金華山から黄金が出て大仏建立がなったのも、みんなこのお姫様が大いに働かれたからであった。

ところで、木星は太陽系の中では非常に巨大な惑星で、もう少し質量があったら、重力で星そのものが輝き出すところだったといわれている。つまり、太陽のようになれたのだ。これはとりもなおさず、大きな希望を秘めた星ということができるだろう。ちょうど、十一歳から十七歳ぐらいの青少年の胸の中に、大きな夢と希望がぎっしりと詰まって、いつでもキラキラと輝き出せる、そんな可能性を秘めているのと同じだ。

●上——木星の弥勒菩薩の柴光宮
●左上—冥王星で会った王様
●左下—水星で会った白髪の老人
●下——水星の屋外音楽堂

星ツアー参加者が描いたイラスト

土星　人間を鍛える善悪の星

土星にはエンマ大王さんがいる。実際ここで何度もエンマ大王に親しくお目にかかっている。地上で人殺しなど悪いことをした人間は、土星に行って、エンマ大王さんのご厄介になるのだ。

土星は地獄界があることから考えても、そんなに甘い世界ではないことがわかるだろう。「七難八苦」という言葉があるが、まさにそのとおり。苦しくて辛い霊波動で充満している。だからといって、土星には祈りを込められないかというとそうでもない。たとえば、自分の子どもを厳しく、辛苦に負けない立派な人に育てたい場合などは、この星に祈ればいい。ビシビシ鍛えてくれるだろう。忍耐と辛抱する力をつけることができる。

エンマ大王さんのような強烈な善悪基準を求められるときも、やはり土星に祈りを込め、自分自身の姿勢を正すことができる。夢や希望という世界からは遠くかけ離れた存在だが、こういった善悪のパワーには強烈なものがあるので、ここ一番というとき必ず役立つだろう。

冥王星 古きよきものを残した平安の星

海王星との関係で太陽系のいちばん外側になったり二番目になったりしているが、神霊界から見ると、最も外側に位置している。人生の年齢からいくと、還暦を過ぎれば冥王星の影響下に入るといえるだろう。

太陽が新しいものをどんどん生み出す立場だとすると、冥王星は古きよきものを残したり発見したりする立場。アンティークロマンがある星だ。非常にノンビリしていて、心の平安がそこにはある。ちょうど山陰地方のローカル的な雰囲気がいっぱいで、水墨画の世界や山紫水明の世界にも通じ、わびさびの世界もあって、茶室などもある。そして、時間のたつのは遅い。有意義な老後を過ごしたいと思うなら、冥王星に祈りを託せばいい。

また、心静かに真理を探究する星でもあるので、本格的に古典学問に打ち込みたい人も、やはり冥王星だ。余談ではあるが、ラクダとアラブ人が住んでいるのを見たことがある。イスラムの世界もあるのだ。

もうひとつ、人は還暦を過ぎると童心に帰るという。まさにそのとおりで、ここにはメルヘンの世界が広がっている。ちょうど、おばあちゃんが小さな子どもに物語を読んで聞かせているような世界だ。映画『ネバーエンディングストーリー』の中に出てくる夢の世界〝ファンタジア〟は、もしかしたら冥王星を指しているのかもしれない。白雪姫と七人の小人たちの森とそっくりな森があり、実際、私は小人を見ている。おそらく木霊の化身であろう。なぜなら人間の子どもの顔ではなかったからだ。

ここは太陽系最遠の星らしく、人生の審判を下す場所でもある。もちろん、土星のエンマ大王さんのような善悪基準ではなく、むしろ人生の生きざま、心の持ち方、満足度といった、その人の本心や良心に照らし合わせた審判といえるだろう。この冥王星で勉強を積み重ねると、いよいよ太陽系外の星「北極星」へ行く権利が与えられる。

北極星 一生の願いを託すべきパワーの星

地球の地軸は北極星を向くようになっている。人類がこの地上に誕生したときから、北極星はすでに地軸の中心として位置し、地球に多大な影響を及ぼしてきた。一生の願いをかけるなら北極星、毎日の願いなら太陽、特定の願いなら木星となっているが、北極星には生まれる子への願いを母親なり父親なりが託すといいだろう。北極星の主宰神はとても子ども思いの好々爺だからだ。

宇宙真理の叡智とスーパー・ミラクルメルヘンの世界がそこにはあり、強烈な運勢の霊波動が渦巻いている。この星とコンタクトを持ち、霊波動をいつまでも感じることができるようになれば、百万人力のパワーを得たにも等しい。

頭脳明晰、カンは冴え、芸術性は高められ、不幸な出来事も未然に防ぐことができる。よき人々にめぐり会うことができ、学業も事業もうまくいく——といった具合だ。

最終的には、やはり北極星への祈りに到着することが望ましい。北極星はいつでもたやすく見つけることができる星なので、積極的に祈ろう。これが古代中国人が崇敬してやまなかった最高神「天帝」の真の住居であり、太乙、太極、天の枢府、極真など、みなこの北極星の有り様を述べているからである。人類社会のドラマの原作をつくる北極青玄宮には、太乙老人や霊母が住んでおられる。難解な本を読んでわからないときは、ここへ行って教えてもらうことにしている。

星の運勢・ご利益一覧表

北極星

叡知と運勢のすべてのものが詰まっている。胎児のときの局面を司り、先天の域を形成している。その意味で、その人のすべての運勢をにぎっている。

また、災いや不幸も無形のうち、先天のうちになくしてしまう最高の救済力を発揮する。地震、台風も未然に防ぐことができる。百年先の地球の姿。

太陽

太陽系における中央政府的存在。躍動、名誉、栄達、出世、活力を司る。

水星

三〜五歳前後の霊的波動。なんでも興味を持つ、真理探究の星。
「哀愁」の音楽と理財の働きがある。

金星

神界の願いを地上へ映し出すときの中継点。宗教、霊学問の星。モーゼや釈迦もこの星に導かれた。十八〜二五歳までの霊的波動。

月

仏教の世界が広がる、金星の胎蔵界、木星の金剛界もここを通して顕現される。健康やツキを司る。ご利益が多い星。恋愛運もＯＫ。

火星

争いが絶えない星だが、反面、ガッツとエネルギーに満ちている。二〜三歳の霊的波動。

木星

地上の願いを映し出す星。万能円満の星。「黄金姫」様がいらっしゃる。十一〜十七歳の思春期の霊的波動。

土星

地獄界があるが、善悪に厳しい星。忍耐と辛抱を得ることができる。どういうわけか腎臓の病気にもいい。

冥王星

静かなメルヘンの世界。アンティークロマンの源流がある。六十歳以降の霊的波動。北極星への「入口」にもなっている。

その他

海王星は、六〜九歳ぐらいの霊的波動。エセ宗教家、占者らが行く地獄がある。

天王星は、国家経綸の機密を握っているため公開できない。精神的な生涯の形を司っている。九〜十二歳の霊的波動。自我を自覚し、人生のヒナ形がみられる。また、革新の星でもある。

第四章

自分の霊を高めて神と合体する

◎神様の声を聞く

心を無にして神に近づく

神様と仲よくするにはどうしたらいいか、とよく聞かれる。これは非常に簡単。とにかく心を無にして、我《が》を捨てること。そして、そこに神様がいると思って、意を誠にして親しもうと努力すればいいのである。「全部神様にゆだねます」といった心境である。そして、自分の人生を世のため人のために使おうと決心し、精進努力をすればいい。この思いを継続させ、同時にそれにふさわしい行いもする。すると、自然と必要なときに〝霊眼〟が開けてきて、神様の声が心の奥で聞こえるようになる。

我を捨てる、継続して思い込むという点がちょっと難しいかもしれないが、とにかく一週間がんばって、それができたらまた一週間……という具合に、少しずつ継続させるといい。初めに「一カ月がんばりますから、それまでに必ず声を聞かせてください」と、ある程度期限を区切ったほうが、神様も結論を出しやすい。

ところで、神様の声といっても、本当は守護霊の声である場合が多い。神の声を聞くためには、それなりの手続きを踏まなければならないからだ。その点、守護霊は案外気軽に応えてくれる。だからといって軽くみてはいけない。守護霊の声といっても、それは神の意志を代読している場合も多々あるからだ。

この声のなかには、悪霊が語っている場合も多いので、本当の神様のメッセージかどうかを判断することが必要だ。これを「審神《さにわ》」といい、霊感による方法と、霊の語る語調や文字の気を検討する方法とがある。

先天の修業と後天の修業

山にこもって滝に打たれたり、断食をしたりするのも、神様とコンタクトを取るひとつの方法だ。身体を厳しい環境にさらして邪気をはらい、神の霊を体の中に降臨させようとするわけである。しかし、無理な難行は体とともに自分の霊魂をも弱らせ、かえって周囲の悪霊が入りやすくなるのが難点だ。

そのような厳しい修業をしてまで神の声を聞きたいと願うのは、過度な超人志望、神通力志願といえるが、あまり強烈に願い続けると、悪行天狗や妄執行者霊、キツネ霊、タヌキ霊などが憑依するので注意したい。実行するのなら、ちゃんとした指導者のもとで、正しい日常生活を送りながら教養、知識、霊的自覚をバランスよく発達させることだ。

厳しい修業を積んで自分のほうから神様へ近づくことを「後天の修業」、心をすべて神様にゆだねて、神様のほうから近づいていただくことを「先天の修業」という。簡単確実なのはもちろん「先天の修業」で、これは誰でも実行可能だ。ジャンヌ・ダルクや天理教の中山ミキ、大本教の出口ナオなどがこれにあたる。

霊媒を通して霊と交信する方法もあるが、霊媒者の霊的パワー、修業の度合いに左右されるので、あまりお勧めできない。死後まもない霊との交流は天法にかなっていない点からも、避けたほうが賢明だと思う。

神様とコンタクトを取る

神様と仲よくする法

1 心を無にして、我を捨てる

2 「神様にゆだねます」

3 立派な人間になるよう精進努力（一年、二年と継続）

4 〝霊眼〟が開けてくる

5 神様の声が心の奥で聞こえてくる

簡単・確実な「先天の修業」

心をすべて神様にゆだねて
神様から近づいていただく

第四章

“四つの霊”が自分を動かす

◎「天眼通力」を開く

役割に応じて 四つの魂で分かれる霊

ここで少し、人間の霊的構造について説明しておこう。人間の体に頭があり胴があり足や手があるように、霊もそれぞれの役割に応じて「魂《みたま》」と呼ばれるものに分かれている。

○奇魂《くしみたま》――智を司る。他の三つの魂の総括的立場であり、直感、霊感をもたらす。

○和魂《にぎみたま》――親、和、つまり調和を司る。体にあっては内臓を担当。

○荒魂《あらみたま》――勇気を司る。筋肉や骨格等を担当。逆に働いて忍耐力となる。

○幸魂《さちみたま》――愛情を司る。体の中では情、心の部分を担当する。

以上の四つだ。それぞれは独立して存在しているものの、一つの人間の霊には変わりがない。四つの魂がワンセットで一霊となる。

一霊が活動するとき、個性が発揮される。つまり、四つのうちどれかが強調されると、それがその人の性格としてあらわれるわけである。

さて、四つの中でもメインとなっているのが奇魂である。この霊が出入りするのはちょうど額《ひたい》の部分からで、霊の形はその人にそっくり。大きさは小指程度だが、顔かたちはもちろんのこと、性格、発想、すべての面でウリ二つだ。

この奇魂が体を自由に出入りして、霊界や星の神霊世界へも飛び出せるようになることを「天眼通力」が開かれたともいう。これが発達してくると、予知能力はもちろんのこと、過去の出来事や人の霊がはっきり見えるようになる。

ただし、これは本人がいくら努力して開こうと思っても、そうたやすくはいかない。非常に厳しい後天の修業を積んでも、開けないことが多い。しかし、特別な先天の修業なら、神の直接の許可がおりるので、たちどころに天眼を開くことが可能だ。

死んでしまえば、いやが応でも奇魂たちは肉体を離れて霊界へ行くことになるが、肉体が朽ちる前に神霊世界をかいま見ることが大切なのだ。

天眼を開いて 正しい生き方をする

天眼が開けると、神霊界の実相がわかるので、生死を超えた正しい生き方ができるようになる。先に説明した星々の霊的波動ももちろん感じることができるし、邪念さえ出なければ運勢は爆発的によくなる。霊界の恐るべきパワーを活用して、人が一〇年かかることを、二〜三年で完成させたり、物事の先々を鋭く見通すことができるようになるのだ。

星ツアーは、この奇魂をそれぞれの星に連れて行き、星の霊相を見聞する。奇魂と本人のコンタクト、つまり奇魂が見聞きしたことをどう感じるかだが、これは脳の潜在意識に働きかけ、はっきりしたインスピレーションという形で通信してくる。

思い込みの観念や数値計算の左脳作用が強すぎると、奇魂の通信が邪魔され、しばられてしまうが、心を落ち着かせて「あとは神様にみんなおまかせします」という状態に入ると、非常にクリーンな形で奇魂通信を受けることができる。

人間を動かす“四つの霊”

霊の構造とは……

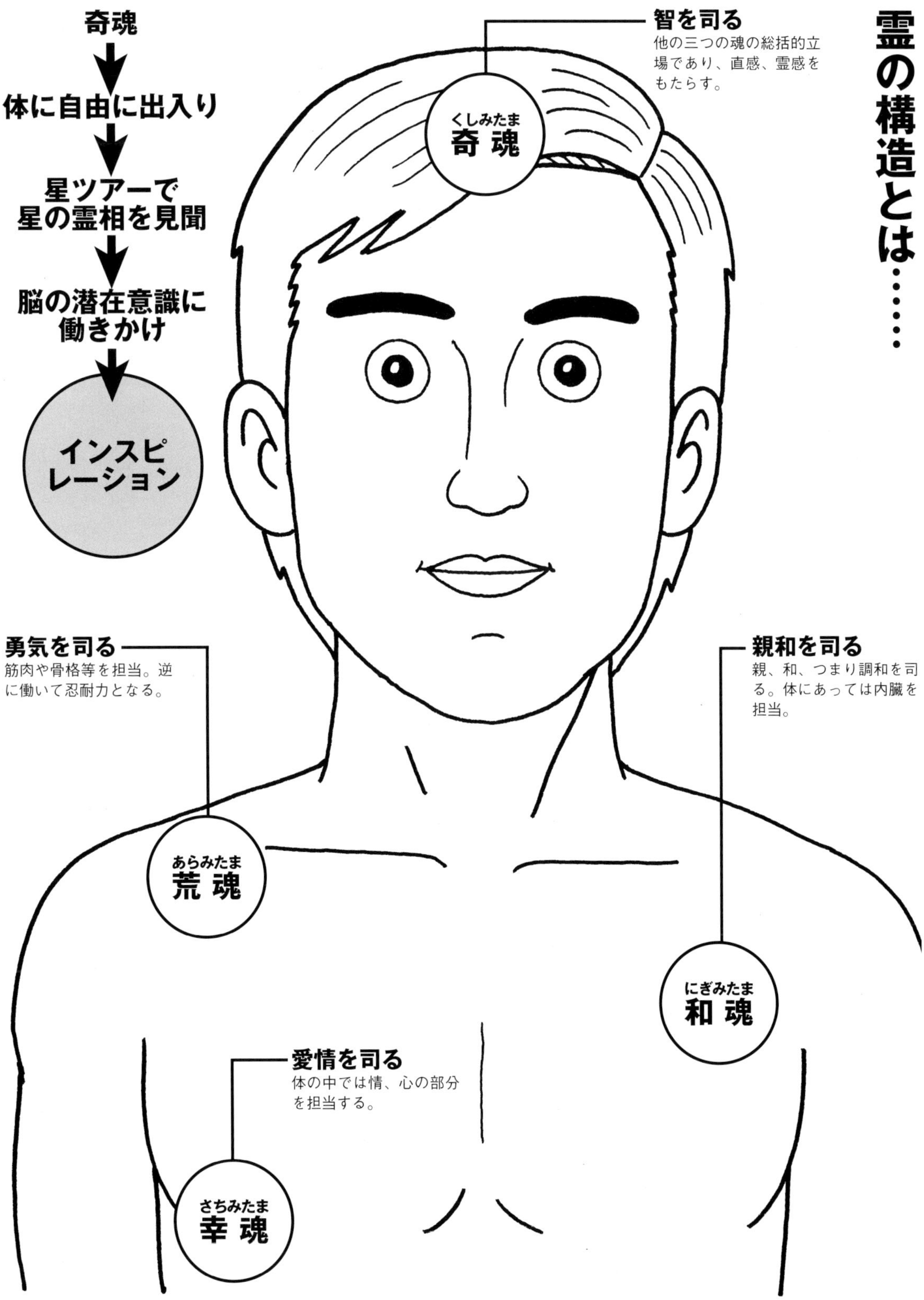

奇魂
体に自由に出入り
星ツアーで
星の霊相を見聞
脳の潜在意識に
働きかけ
インスピレーション
智を司る
他の三つの魂の総括的立場であり、直感、霊感をもたらす。
奇魂《くしみたま》
勇気を司る
筋肉や骨格等を担当。逆に働いて忍耐力となる。
荒魂《あらみたま》
親和を司る
親、和、つまり調和を司る。体にあっては内臓を担当。
和魂《にぎみたま》
愛情を司る
体の中では情、心の部分を担当する。
幸魂《さちみたま》

第四章 大志を抱けば運もつく

「星に祈る」ことの本当の意味は

◎霊界は"つくることができる"もの

霊的パワーに本人の努力をプラスする

大志を抱いて事を成そうという人物は、どこかに迫力がある。この迫力の源を天眼通力でのぞいてみると、その人についている守護霊や守護神から発せられている霊的パワー、霊的な波動である場合がほとんどだ。

逆に、いつも自分のことばかり考えている人は、迫力がまったく感じられないどころか、近くに寄りたいとも思わない。悪い霊がその人の周りにくっついているから、第六感で他人は危険を察知するわけだ。

その人につく霊というのは、本人の志の高さと大きさによって大きく変化する。志が高ければ高いほど、強い霊が守護霊や守護神としてつくようになる。志が高い人は自己の限界を常に見つめ、また、どこかで守護霊が反省を促すので、たいてい我意識に尋ねてみたところ、Aさんのように想念の世界をつくり出すところまではいかなかったという。

が少なく、我執の"悪雲"が自然に取れて、霊も援助しやすいのだ。

ただ、霊的パワーの強さだけでは志は成就しない。本人の努力なんとしても必要であり、しかもそれは「人もよし、我もよし」という、神霊界法則からみて正しい方向で行われなければならない。

守護霊の力、つまり神霊界パワーと自分自身の能力と努力。これがうまく合致すれば、信じられないようなスーパーパワーが派生する。

強い想念の力こそ最大の武器だ

三〇歳を少し過ぎた女性が二人（Aさん、Bさん）、結婚の相談に来た。私が本人の守護霊と本人の深層意識に尋ねてみたところ、Aさんのように想念の世界をつくり出すところまではいかなかったという。話を聞くと、信じたいとは思っていたが、A さん一年が過ぎてしまった。話を聞くと、信じたいとは思っていたが、A さんのように想念の世界をつくり出すところまではいかなかったという。

霊界の力を利用する最大のポイントは、想念の世界をつくり出すことにある。数字で示すと、七割程度が神霊世界で準備され、残りの三割が人間の想念の力で地上に顕現するようになる。特に無我の境地で自然に作り出された想念には、ストレートに神霊界が作用しやすい。こねくり回す念よりは純度が高く、神霊世界に通じやすいのだ。

よい方向で思い込みを強くして、想念の世界をどんどん描き出せば、守護霊を中心に本人の阿頼耶識（あらやしき）が霊的パワーとなって顕現化し、霊界を激しく動かすことができるだろう。

幸せ成就の秘訣はここにある。

半年後、Bさんはそれぞれすばらしい男性が現れるという返事。それを伝えると本人たちも喜んだが、その後の展開が違った。

Aさんはさっそく式場探しやら招待者のリスト作りを始めた。相手の影さえ見えない状態なのに、本人はその仮想の相手との新婚生活を頭の中で描き出している。友だちにも公言してはばからない。そして半年後、職場の女性たちの憧れの的だった男性が彼女にデートを申し込み、結婚を約束したというのだ。

一方、Bさんは、いい人が現れるのを半信半疑で待っていた。確かに素敵な男性もチラホラ現れたが、結婚までには話がまとまらず、そのま

強い想念が運勢を引っぱる

力のある守護霊と人生を歩む

志を大きく高く持つ
→ 守護霊や守護神がつく
→ "悪雲"が自然に取れる
→ 「人もよし、我もよし」と努力する
→ スーパーパワー

想念の世界をつくり出す

無我の境地で自然につくり出された想念
↓
神霊界の作用 大
↓
霊的パワー 大
↓
幸せ成就

悪霊、貧乏神に負けない法

◎悪霊を神霊界へ帰してしまう

救霊がいちばん確実な方法

ともかく運勢を向上させるには、悪くしている原因を取り除かないことには話にならない。では、運勢を悪く暗くしている原因とはなにか。それは、本人のマイナス思考と悪霊たちだ。

悪霊といってもたくさん種類がある。神霊界の眷族《けんぞく》（力を持っている使者）として幅を利かせる龍神や稲《いな》荷《り》ギツネ、白ヘビ、天狗。死んだ人の霊である地縛霊や浮遊霊など。そして、最もやっかいな、生きた人間から派生した生霊などである。

本人に霊障をもたらしている霊というのは、たいていうらみのかたまりであることが多い。

霊がうらみを晴らしてしまえば、気が済んでサッサと霊界へ帰っていくかというと、案外そうでもないところに霊障の難しい点がある。霊の中には何十年、何百年とうらみ続けている存在もある。ちょっとやそっとでは、人間から離れないのだ。

こういったもろもろの霊が、その人に取りついて運勢を食い荒らしているのだから、本人がいくら努力したって、運の向上が今ひとつ冴えないのは当然である。

悪霊に負けない強い加護を願う

そこで、こうした悪霊を取り除くと同時に、神霊界へ諭して帰してしまうのが、私や私が主宰するワールドメイトの救霊《きゅうれい》である。

人によっては何千体もの霊が取りついていることがあるが、取り除けない霊というものはほとんどない。しかし、本人のマイナス思考を変えなければ、新たな悪霊をどんどん呼び込んでしまい、際限なき憑霊地獄をつくってしまう。

だが、この方法はわざわざ私のところへ出向いてもらわなければならないので、地方の人は不便この上ない（現在では関東・関西をはじめ、全国各地で行えるようになっている。また、遠出ができない人のためには、写真の霊界に意識を飛ばして行う、「写真救霊」という方法もある。詳しくはお問い合わせいただきたい。＊０１２０・５０７８３７）。

まあ、近くに信頼のおける霊能者がおられるようなら、その人に頼んで救霊していただくのもいいかもしれない。

それもままならないというのなら、霊障に負けないくらいの強い信念と志を持って、善霊で自分自身をガードしてしまうことだろう。自分を守護している守護霊や善霊たちに、悪霊に負けないような強い加護を願うのである。

いずれにせよ、最も危険なのは、半かじりの霊媒者に救霊を頼むこと。これは絶対に避けたい。というのは、ヘタをすると救霊するほうもされるほうも、より強烈な霊障が起きて、取り残しのままその霊にやられてしまうことがあるからだ。十分気をつけていただきたい。

運勢を悪くしている原因を取り除く

マイナス思考&悪霊たち

龍神
稲荷ギツネ
白ヘビ
天狗
地縛霊、浮遊霊
生霊 etc.

プラス思考

救霊

悪霊を取り除き、
神霊界へ諭して帰す

運の向上

〝霊障〟には十分気をつける

◎霊障を受けないようにするには

不浄な場所は避ける

世の中には、なんとなく気持ちが悪くなるような場所がある。たとえば、夜のウラ寂しい墓場。墓場は死者、とくに行き先の定まらない霊たちの溜り場のようになっている。

酔っぱらいがたむろし、けんかが絶えないといった場所も、悪霊たちがトグロを巻いているとみていい。人が殺されたり変死した家なども、面白半分で見に行ったりすると、うらみの霊や殺人鬼の霊、厄病神の霊などが飛びかかってくる危険がある。

また、海外旅行などでも思わぬ霊障をくっつけて帰国することがある。

外国での不浄の場所というのは、死者がたくさん埋められているような、いわゆる〝聖地〟と呼ばれる場所。クモの巣が張っているような教会や寺院、また、強盗、酔っぱらい、浮浪者などが多数出没する場所も、悪霊が支配している地域である。

こんなことがあった。バリ島に遊びに行き、女性を買った男性が、体じゅうの痛みに襲われた。病院で診てもらっても原因不明。苦しみもだえながら、彼が私のもとへ来たとき、正直ゾッとした。彼の体に緑色のバケモノ蛇が巻きつき、魂《たましい》が食べられていたからだ。バリ島の女性に憑依《ひょうい》していたバケモノ蛇が、彼に〝宿替え〟して日本にやって来たわけだ。

死者への妙な感傷も禁物

戦死者の遺骨を収集し、慰霊供養したあと、体の調子が悪くなったという話をしばしば耳にする。遺骨収集に限らず、死者を弔いに行ったあと、霊障を受ける場合がある。

理由は、死者に同情しすぎたためである。「かわいそうに。辛かったでしょう。生きていれば、今ごろは……」と、霊を現世に呼び戻すような念を出すと、死者は成仏できずに、その人にくっついてしまうのだ。

死者にとっては、霊界で修業し、霊界でのランクを少しでも上げることが重要な務めなのだ。したがって、死者を弔うとは、心安く成仏し、未練なく霊界で修業してくださいと報告することであって、決して「現世に戻ってきて」と願うことではない。

多くの犠牲者が出た事故現場や戦死者が埋葬されている墓地、海難現場、山岳遭難地点……いろいろあるが、やはり妙な同情心は禁物だ。やるのなら、徹底した浄霊供養をすべきである。

戦死した兵士たちの霊についていえば、「天皇陛下万歳」「お国のために死ぬのだ」「みごと散って、祖国を守らん」という思いで死んだ人々は、英雄となり、天照大御神や忠霊がじきじきに霊を救済されている。

というのは、この世に〝残念がない〟、つまり念が残らず、きれいさっぱりとあの世へ行っておられるからだ。

同じ戦死者でも「残念だ」「死ぬのはいやだ」「助けてくれ」といった思いを胸に抱いて死んだ人々は、念がいまだにこの世に残っている。

したがって、遺骨収集は、単なる霊の慰めや自己満足からするのではなく、真剣に供養し、霊を楽にしてあげなければならない。

死者への深情けは禁物

死者を弔う		死者の務め
✕「かわいそうに。どんな思いで死んだのか……」→ 成仏できず、同情した人にピタリとついてしまう	「心安く成仏し、未練なく霊界で修業してください」と報告する	霊界で修業し、ランクを上げる

つく名前、つかない名前

◎運気を左右する「音」の世界

名前の最後が「ン」か伸びる音なら運気は向上

はっきりいって、名前は運勢に影響する。だが、悪い名前をつけられたから運勢が低迷するかというとそうとばかりは言い切れない。気にしすぎて悪い想念にとらわれてしまうほうがもっとよくない。

親はいろんな思いを込めて、子どもに名前をつけるものだ。大切なのは、両親の願いが託された名前に負けないよう一生懸命がんばること。そうすれば、「がんばるぞ」という想念のほうが圧倒的に強くなるので、少々名前の運勢が悪くても、それは関係なくなる。

さて、一般的に名前は、画数、陰陽、木火土金水、字の意味などで鑑定することが多いが、案外知られていないのが「音」の世界である。名前の最後がなるべく伸びる音になっているほうが、将来性があり、運気も向上する。

あまり感心しない漢字としては、草花の名前や春夏秋冬が挙げられる。それに、彦、義、千などの字だ。彦というのは異性問題で一、二回は必ずトラブルを起こす字。義というのは裏切られる字。そして千というのは女性ならば後家さんの相を示し、異性運がよくないとされている。

また、名前の最後が「し」や「じ」「ず」で終わるのも考えものだ。よいのは「ン」あるいは伸びる音で終わる名前。〝運がつく〟という語呂だが、語尾に「ウン」のつくのはヒット商品となったクスリの名前などに意外と多い。

印鑑の材質はツゲがよい

もうひとつ、身近な存在で、運勢のカギを握っていると思われるのは印鑑だ。高額ならばいいというものではなく、金もうけ目的で値がつり上げられているような印鑑など、逆に悪い霊が付着していることが多く、注意が必要だ。値の張る印鑑として、象牙、水牛などがあるが、この両者はよくない。手軽で使いやすく、しかも邪気がこもっていないのは「ツゲ」の印鑑だ。

もちろん一般的に言われるように、縁が欠けたり字がかすれたものは、見た目もよくないし、運勢を下げるので、早めに交換したほうがよい。ツゲは木なので欠けやすいし、何度も使用するとすり減ってくるが、そうなったら新しいものに変える。印鑑は生きているので、新陳代謝があったほうがいいのである。

神霊的な目で印鑑を見ると、つくった人の〝気〟と使う人の魂がその中に凝縮されている。金もうけ目的の印鑑には、キツネやタヌキ、とぐろを巻いたヘビなどがついている。

使う人の幸福を願いつつ使用され、その人の運勢がよくなると、印鑑もすがすがしい雰囲気をつくり出すものである。逆の場合は、魂が呻吟している姿があらわれる。

ただし、人の運勢には、印鑑より名前、名前より生年月日のほうが影響をおよぼす。そして、なによりも日々の考え方と生き方が、最も大きく影響する。だから生き方を前向きに、発展的にするのが第一である。

運気が向上する名前と印鑑

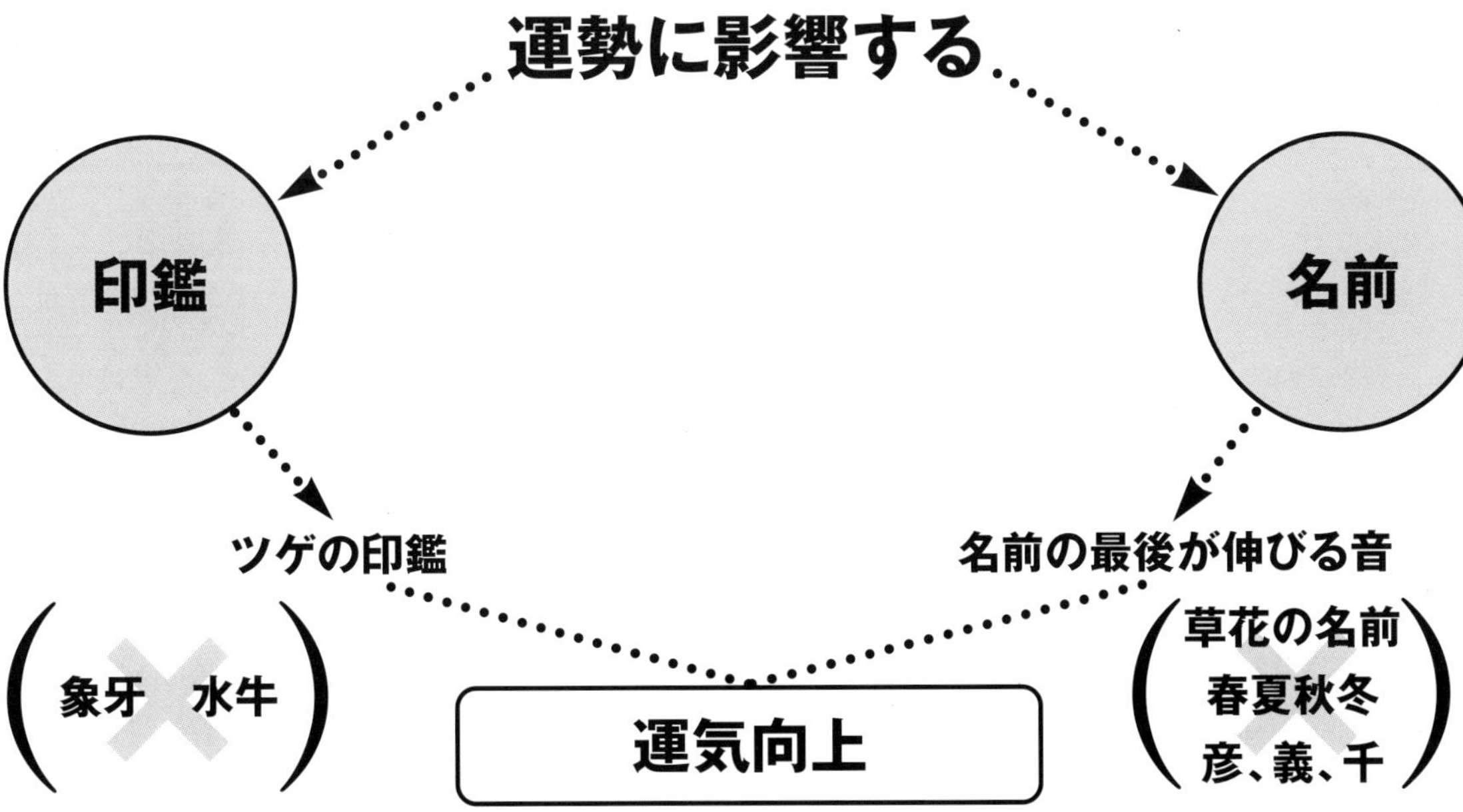

「神界幸運ロゴ」パワーマーク

◎神霊を呼び寄せる強力パワー

マークはこうして使う

左ページのマークを見ていただきたい。私はこのマークを「神界幸運ロゴ」パワーマークと命名した。

このマークにはパワーがこもっている。いや、正確にいうならば、神霊星世界からの霊的波動をキャッチする一種の受信装置であり、それだけで神霊を呼び寄せてしまう、古代の神霊文字だと考えていい。ラジオやテレビが目に見えない電波を音声や映像にするように、「神界幸運ロゴ」パワーマークも、星からの霊波を、私たちが感じる具体的なパワーとして示してくれるのだ。

この「神界幸運ロゴ」パワーマークは、使用する人間がそれを信じないと、パワーは発生しない。信じる力が電源となるのである。

使い方は、まずマークのコピーをとってそれを机とか壁に貼る。なるべく静かなところがいいだろう。そのあとは次のようにする。

①図の中心を、最低一分間見続ける(霊的に鋭い人は、マークが金色あるいは薄紫色に光っているのがわかるだろう)。目の奥から自分の潜在意識の中に、マークが刻印されるようなイメージで見ればいいだろう。

②パワーが全身を包み、すでに目的は達成された、という意識を強く持つ。「すでに○○は成った!」と口に出してもいい。

③意識の中でマークが「生きている」と感じるようにする。神霊星世界のパワーが脈打つのを信じるわけだ。

④マークの用途に合ったパワーコールを唱える。一〇九ページのマークは守護霊合体マークなので、「センテン　ナム　フルホビル」と唱えよう。

以上、四つのポイントを押さえながらマークを活用する。小さくコピーしたものを常に身につけていてもいい。信じる力が強ければ、それだけ強いパワーが得られる。

このマークはどこからきたか

国家、企業、スポーツチームを問わず、たいていの団体にマークがある。マークには、その団体のパワーや思想、志《こころざし》などが込められている。強いスポーツチームのマークからは強い印象を受けるように、マークと母体との関係は表裏一体である。

では、左ページのマークは一体なにを母体としているのだろうか。実は、これは神霊世界に存在するマークであり、私がアンドロメダ天界を訪れたとき、神様から「本人の魂の潜在能力を高め、神霊界の神気や波動をもたらすコンピュータ言語、あるいは合図だと思えばよい」と教えられ、授けられたものである。効果はすでに確認ずみだ。

霊感の鋭い人は、星の霊波動をマークがキャッチしていることがわかるだろうし、神霊世界の〝香り〟のようなものがマークに漂っていることも感じるだろう。使用するときは必ず〝星の霊波動を受けている〟と信じるようにすれば、より一層の効果が期待できる。実際に活用する場合は、ひたすら信じ、このパワーを多くの人々の幸せのために役立てることが重要である。

パワーマークは霊的波動の“受信装置”

マークを使ってパワーを得る法

1. 図の中心を、最低一分間見続ける
2. すでに目的は達成された、という思いをつくる
3. マークが意識の中で「生きている」と感じるようにする
4. パワーコールを唱える

→ 強運作用は倍加!!

守護霊団合体パワーアップ

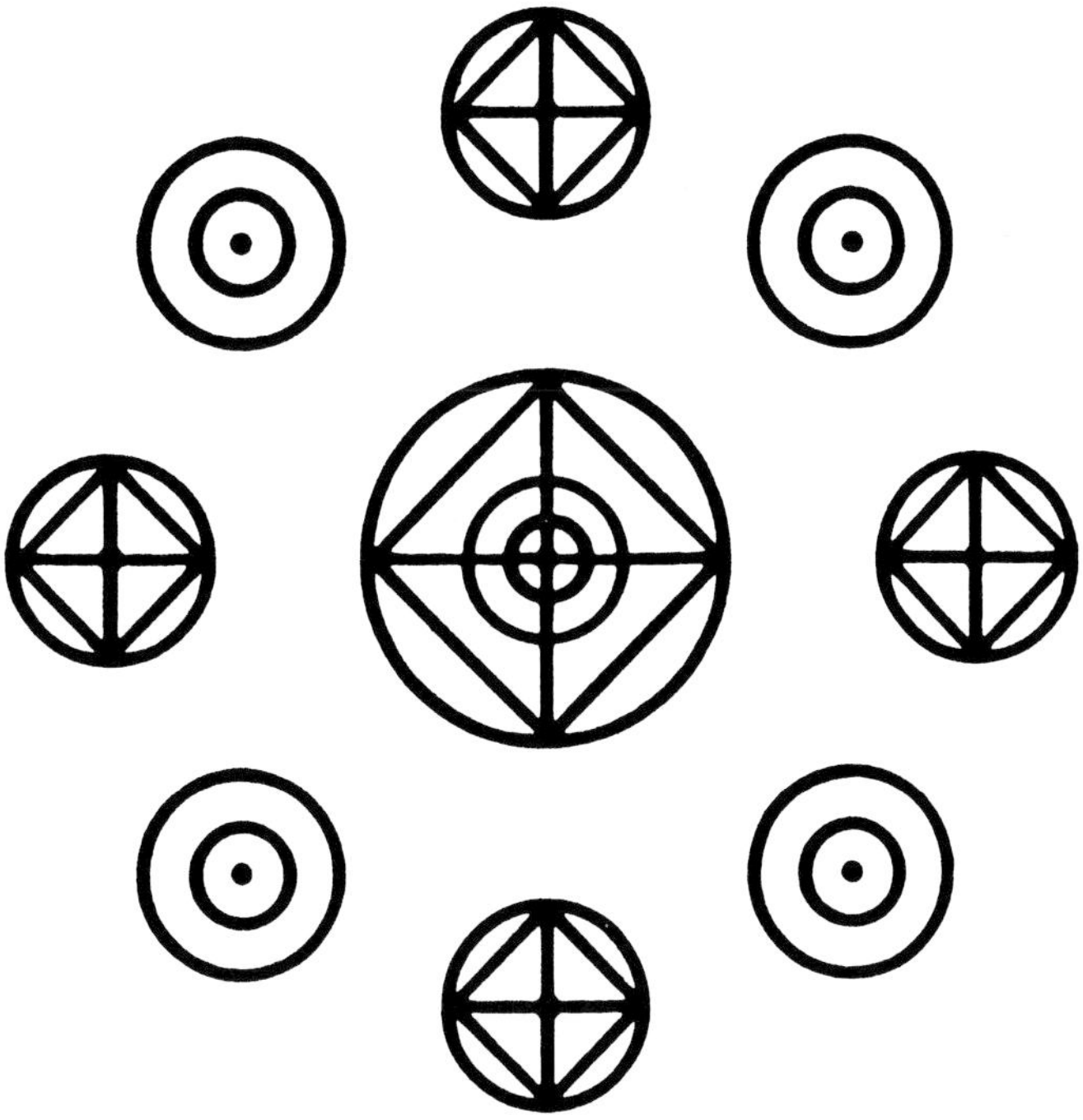

「神界幸運ロゴ」パワーマークについて

この＜守護霊団合体パワーアップ＞パワーマーク以外にも、用途に応じていくつものパワーマークがある。詳しくは、スーパー開運シリーズ『強運』（深見東州著　たちばな出版刊）を参照していただきたい。

なお、それらのマークはすでに意匠登録、商標登録出願済みであり、それ以外のものもすべて申請中であるので、個人で使用するに限っていただきたい。なお、いくつかのロゴマークについては、現在、身体につける金・銀の神界幸運ロゴ製品を作っている。銀は精神面、金は物質面で強い霊的作用をもたらす。希望者は下記へ問い合わせるか、カタログを請求するのもいいだろう。

☆生活文化事業部
＊フリーダイヤル
０１２０－５３１－５１３
受付時間　午前10時―午後５時
（月曜日～金曜日、祝日を除く）

あとがき

運・不運を厳密に見ると、すべての原因は、前世と家（祖先）の因縁によるものがほとんどである。

したがって、運をよくしようと思えば、因縁、あるいは因果をよい方向へもっていけばいいわけで、理屈だけを考えると非常に簡単である。では、因縁はどこにあるのかといえば、決してこの宇宙空間に漂っているわけではない。自分自身の性格、あるいは行いのすべてに内在するのである。だから、因果を改めて運をよくするためには、そういう意味で、今の自分自身を変えるしかないのである。

自分を変えるとは、つまり、口と心と行いを改め、生き方を定めて徳を積むことである。この点だけは忘れないでほしい。

本書はタイトルでもある「強運」を得るためのハウツーを、霊的視点からまとめ、よりわかりやすくするために、図やイラストを豊富に用いて構成した。単純に表面だけをなぞると、ご利益本、あるいは〝お蔭信仰特集〟のように思われるかもしれないが、それは間違っている。強運を呼び込み、幸福を得ることは主神《すしん》の御心であり、それが他人の不幸や、死後、霊界における不幸になることが問題なのである。むろん、ご利益のみを追求しても無駄である。よい結果を得ようと思うなら、それにふさわしい準備と努力が必要である。それは、スポーツにしても勉強にしても同じ、宇宙の法則のようなものだ。

また、たとえ現世で努力をして幸運に恵まれ、なに不自由ない優雅な生活をしたとしても、口と心と行いが豊かで明るく、徳を積んでいないのなら、死後、極楽浄土の住人となることはできない。それよりも、〝貧者の一灯〟のことわざどおり、貧しいながらも一生懸命に心豊かに生きるなら、たとえ現世で恵まれなかったとしても、死後、幸福が待っているだろう。だが、願わくば、現世でも豊かで幸せに過ごし、死後も幸せでありたい。本書は、そういう〝欲張り〟な人々のためのものである。

同じ苦労をするのなら、幸福、幸運、強運に結びつく苦労のほうがいい。

同じ人生なら、暗くジメジメするより、明るくハッピーなほうがいい。

読者諸氏が、本書をヒントに、強運を得、ますます幸せになっていただければ本望である。

付章の「神界幸運ロゴ」だけでも、十分幸福のチャンスは巡ってくるが、誌面の都合上、含意や体験談を載せられなかったのは残念である。神界からの許しをいただいたマークもひとつしか紹介できなかった。マークはほかにもさまざまあるので、スーパー開運シリーズの『強運』をぜひともご参照いただきたい。

深見東州

深見東州氏の活動についてのお問い合わせは、下記までお願いいたします。
また、無料パンフレット（郵送料も無料）が請求できます。ご利用ください。

お問い合わせ フリーダイヤル
0120—50—7837

◎ ワールドメイト総本部
〒410-2393
静岡県田方郡大仁町立花3-162
TEL　0558-76-1060

東京本部	TEL	03-5382-3711
関西本部	TEL	0797-31-5662
札幌	TEL	011-864-9522
仙台	TEL	022-722-8671
千葉	TEL	043-201-6131
東京（銀座）	TEL	03-3547-1635
東京（新宿）	TEL	03-5321-6861
横浜	TEL	045-261-5440
山梨	TEL	0555-21-1538
名古屋	TEL	052-222-9850
岐阜	TEL	058-212-3061
大阪（心斎橋）	TEL	06-6241-8113
大阪（森の宮）	TEL	06-6966-9818
広島	TEL	082-546-2630
高松	TEL	087-831-4131
松山	TEL	089-986-3461
福岡	TEL	092-433-5280
熊本	TEL	096-213-3386
那覇	TEL	098-941-7405

（平成16年1月1日現在）

◎ ホームページ
http://www.worldmate.or.jp

プロフィール

深見東州（ふかみ・とうしゅう）

昭和26年、兵庫県生まれ。同志社大学経済学部卒。武蔵野音楽大学特修科（マスタークラス）声楽専攻卒業。西オーストラリア州立エディスコーエン大学芸術学部大学院修了。創造芸術修士（MA）。中国国立浙江大学大学院日本文化研究所客員教授その他、英国、中国の大学で教鞭をとる。カンボジア大学総長。宝生流能楽嘱託教授、東州宝生会を主宰。書道師範、華道師範、茶道師範。西洋と東洋のあらゆる音楽や舞台芸術に精通し、世界中で多くの作品を発表、『現代のルネッサンスマン』と海外のマスコミなどで評される。ワールドメイトリーダー。文明評論、宗教評論の著作も多く、『「日本型」経営で大発展』や、89万部を突破した『強運』をはじめ、著作は6カ国語に訳され、105冊を超える。その他、ラジオのパーソナリティーとしても知られ、多くのレギュラー実績がある。現在は、週一本のレギュラー番組、「さわやかTHIS　WAY」（FM・全国ネット）を担当。

深見東州出演の人気ラジオ番組

「さわやかTHIS　WAY」

FM富士《関東》（日）	AM5:30〜6:00
FM福島（日）	AM7:00〜7:30
FM三重（日）	AM7:00〜7:30
KISS-FM《神戸》（日）	AM7:30〜8:00
FM石川（日）	AM7:00〜7:30
FM山陰（日）	AM7:00〜7:30
FM山口（土）	AM7:30〜8:00
FM長崎（日）	AM7:00〜7:30
FM中九州《熊本》（日）	AM7:00〜7:30
FM沖縄（日）	AM7:00〜7:30
北海道放送（日）	PM10:00〜10:30

「強運」ノート

平成16年2月10日　初版第1刷発行　　定価はカバーに記載しています。
平成16年4月 2日　初版第7刷発行

著　者　深見東州
発行人　杉田早帆
発行所　株式会社　たちばな出版
〒167-0053　東京都杉並区西荻南2-17-8　2F
TEL　03-5941-2341（代）　FAX　03-5941-2348
ホームページ　http://www.tachibana-inc.co.jp/
印刷・製本　凸版印刷株式会社
ISBN4-8133-1749-9
C0070　Toshu　Fukami　Printed　in　Japan
落丁本・乱丁本はお取り替えいたします。